DESEJO DE STATUS

Livros do autor na Coleção **L&PM** POCKET

As consolações da filosofia
Desejo de status
Ensaios de amor

ALAIN DE BOTTON

DESEJO DE STATUS

Tradução de RYTA VINAGRE

Rocco L&PM POCKET

Coleção **L&PM** POCKET, vol. 1115

Texto de acordo com a nova ortografia.
Título original: *Status Anxiety*
Publicado pela Editora Rocco em formato 14 x 21cm em 2005

Este livro foi publicado mediante acordo de parceria entre a Editora Rocco e a L&PM Editores exclusivo para a Coleção **L&PM** POCKET

Primeira edição na Coleção **L&PM** POCKET: setembro de 2013
Esta reimpressão: fevereiro de 2020

Tradução: Ryta Vinagre
Capa: Ivan Pinheiro Machado. *Foto*: Kelvin Murray
Preparação: Bianca Pasqualini
Revisão: Lia Cremonese

CIP-Brasil. Catalogação na Fonte
Sindicato Nacional dos Editores de Livros, RJ

B772d

Botton, Alain de, 1969-
Desejo de status / Alain de Botton; tradução Ryta Vinagre. – Porto Alegre, RS: L&PM, 2020.
304 p. : il. ; 18 cm. (Coleção L&PM POCKET; v. 1115)

Tradução de: *Status Anxiety*
Inclui índice
ISBN 978-85-254-2880-6

1. Filosofia. I. Título. II. Série.

13-00518 CDD: 100
CDU: 1

L&PM Editores
Rua Comendador Coruja, 314, loja 9 – Floresta – 90.220-180
Porto Alegre – RS – Brasil / Fone: 51.3225.5777
Pedidos & Depto. comercial: vendas@lpm.com.br
Fale conosco: info@lpm.com.br
www.lpm.com.br

Impresso no Brasil
Verão de 2020

Sumário

DEFINIÇÕES

Status

– Posição de uma pessoa na sociedade; a palavra deriva do latim, *statum*.

– Em sentido estrito, refere-se ao estado civil ou à situação profissional de uma pessoa em um grupo (casado, tenente etc.). Mas, em um sentido mais amplo – e mais relevante aqui –, o valor e a importância de uma pessoa aos olhos do mundo.

– Diferentes sociedades conferiram status a diferentes grupos: caçadores, guerreiros, dinastias antigas, catequizadores, cavaleiros, mulheres férteis. Desde 1776, a noção de status no Ocidente (o território indefinido mas abrangente que está em discussão aqui) tem sido cada vez mais associada à realização financeira.

– As consequências de ter um status elevado são aprazíveis. Incluem recursos, liberdade, espaço, conforto, tempo e, talvez tão importante quanto tudo isso, a consciência de que se é valorizado e digno de receber cuidados – o que é demonstrado através de convites, adulações, risos (mesmo quando a piada não tem graça), deferência e atenção.

– Ter um status elevado é considerado por muitos (mas poucos admitem abertamente isso) um dos bens terrenos mais valiosos.

Desejo de status

– Uma preocupação – tão perniciosa que é capaz de destruir grande parte das nossas vidas – de que corremos o risco de não nos adequarmos aos ideais de sucesso previstos por nossa sociedade e de que, como resultado, podemos perder distinção e respeito. A preocupação de que no momento ocupamos um lugar social modesto demais ou de que estamos prestes a cair para um nível mais baixo na hierarquia social.

– O desejo por status é provocado pela recessão, pela sensação de que se é desnecessário, por promoções, aposentadoria, conversas com colegas da mesma área de trabalho, perfis de pessoas proeminentes nos jornais, pelo sucesso dos nossos amigos, entre outras coisas. Da mesma forma que confessar a inveja (com a qual essa emoção está relacionada), revelar a extensão de qualquer desejo pode ser socialmente imprudente, e, por conseguinte, são incomuns as evidências de um drama íntimo, que costuma limitar-se a um olhar preocupado, a um sorriso amarelo ou a uma pausa mais longa ao tomarmos conhecimento das realizações do outro.

– Se nossa posição social é o cerne desse desejo, é porque a concepção que temos de nós mesmos depende muito do que os outros pensam de nós. Excetuando-se uns raros exemplos (Sócrates, Jesus), precisamos de sinais de respeito do mundo para nos considerarmos toleráveis.

– Ainda mais lamentável é o fato de que o status é difícil de se alcançar e ainda mais difícil de se manter por toda a vida. Exceto nas sociedades onde ele é determinado ao nascimento e temos sangue azul correndo nas veias, uma posição elevada depende do que podemos realizar; e podemos fracassar devido à estupidez ou à falta de autoconhecimento, ou devido à macroeconomia ou à malevolência.

– E ao fracasso segue-se a humilhação: uma consciência corrosiva de que fomos incapazes de convencer o mundo de nosso valor e de que, por causa disso, estamos condenados a tratar os bem-sucedidos com despeito e a nós mesmos com vergonha.

Tese

– O desejo de status tem uma capacidade excepcional de inspirar sofrimento.

– A fome de status, como todos os apetites, tem lá as suas utilidades: incita-nos a fazer valer nossos talentos, incentivando a excelência, coíbe-nos de cometer excentricidades prejudiciais e une os membros de uma sociedade em torno de um sistema de valores comum. Mas, como todos os apetites, em excesso também pode matar.

– A forma mais proveitosa de lidar com o problema talvez seja tentar entendê-lo e discuti-lo.

PARTE UM

CAUSAS

I. FALTA DE AMOR

O desejo de status

1

Existem suposições comuns sobre os motivos que nos levam a procurar um status elevado; entre eles, a ânsia por dinheiro, fama e influência.

Como alternativa, pode ser melhor resumir o que estamos buscando em uma palavra raramente utilizada em teoria política: amor. Com a garantia de alimento e abrigo, o impulso que subjaz ao nosso desejo de sucesso na hierarquia social talvez não esteja tanto nos bens que podemos adquirir ou no poder que conseguimos exercer, mas no amor que recebemos como consequência do nosso status elevado. Dinheiro, fama e influência podem ser avaliados mais como provas de amor – e um meio de se chegar a ele – do que como fins em si mesmos.

De que modo essa palavra, em geral usada apenas em relação ao que queremos de nossos pais ou de um parceiro romântico, se aplicaria a algo que podemos querer e obter no mundo? Talvez consigamos definir amor, em suas manifestações familiares, sexuais e mundanas, como uma espécie de respeito, uma sensibilidade à existência do outro. Ser objeto de amor é sentir-se objeto de preocupação. Nossa presença é notada, nosso nome é registrado, nossas opiniões são ouvidas, nossos fracassos são tratados com indulgência e nossas necessidades são atendidas. E, com esses cuidados, prosperamos. É possível que haja diferenças entre o amor romântico e o amor social – este último não tem dimensão sexual, pode não terminar em casamento, aquele que o oferece geralmente nutre motivos secundários – e ainda assim o objeto do amor, no campo social, desfrutará de proteção, como muitos amantes românticos, sob o olhar benevolente dos outros.

É comum descrever uma pessoa que ocupa uma posição importante na sociedade como “alguém” e chamar o seu oposto de “ninguém” – termos que não fazem sentido, porque todos somos necessariamente indivíduos com identidade e direito à existência comparáveis. Mas essas palavras conseguem transmitir as diferenças na qualidade do tratamento conferido a diferentes grupos. Pessoas com status social baixo continuam despercebidas, são tratadas com grosseria, suas idiossincrasias são menosprezadas e suas identidades, ignoradas.

O impacto de um status baixo não deve ser interpretado somente em termos materiais. Raras vezes a punição, pelo menos acima dos níveis de subsistência, está somente no desconforto físico. Ela também reside, principalmente, no desafio que ter status baixo impõe ao senso de respeito próprio. Pode-se enfrentar o desconforto sem queixas por um longo período quando ele não é acompanhado de humilhação, como é o caso de soldados e exploradores que enfrentaram de bom grado privações que superavam em muito as de indivíduos nas piores condições de pobreza, mas as suportaram por terem consciência de que eram estimados pela sociedade.

Da mesma forma, os benefícios de ter um status elevado raramente se limitam à riqueza. Já não causa surpresa encontrar indivíduos ricos que continuam a acumular somas que superam o que cinco gerações poderiam gastar. Seu empenho só é estranho se insistirmos em um raciocínio estritamente financeiro por trás da criação de riqueza. Eles procuram não só o dinheiro, mas o respeito que supostamente advém da acumulação. Poucos entre nós são estetas ou hedonistas convictos, mas quase todos nós ansiamos por distinção, e, se uma sociedade futura oferecesse amor como recompensa ao acúmulo de discos de plástico, não demoraria muito para que tais itens sem valor assumissem um lugar de destaque entre as nossas aspirações e ansiedades mais ardorosas.

2

Adam Smith, *A teoria dos sentimentos morais* (Edimburgo, 1759):

"Que propósito têm toda a labuta e a afobação deste mundo? Qual é a finalidade da avareza e da ambição, da busca de riqueza, poder e preeminência? Será suprir as necessidades naturais? O salário do trabalhador mais medíocre pode supri-las. Quais são, então, as vantagens desse grande propósito da vida humana a que chamamos de *melhorar nossas condições de vida*?

"Ser notado, ser atendido, ser visto com simpatia, complacência e aprovação são as vantagens que supostamente derivam disso. O rico ufana-se de sua riqueza porque sente que atraiu naturalmente para si a atenção do mundo. O pobre, ao contrário, envergonha-se de sua pobreza. Sente que ela o coloca longe dos olhos da humanidade. Sentir que não recebemos atenção decepciona os desejos mais ardentes da natureza humana. O pobre permanece negligenciado e, no meio da multidão, continua na obscuridade, como que confinado a seu próprio casebre. O homem nobre e distinto, ao contrário, é notado por todo o mundo. Todos os olhares se voltam para ele. Seus atos são objeto de preocupação pública. Rara é a palavra, raro o gesto dele que será desprezado."

3

Pode-se dizer que a vida adulta é definida por duas grandes histórias de amor. A primeira – a da busca por amor sexual – é bem conhecida e bem representada, suas peculiaridades formam a matéria-prima da música e da literatura, ela é socialmente aceita e celebrada. A segunda – a história da nossa busca pelo amor do mundo – é mais secreta e infame. Se mencionada, tende a ser em termos cáusticos, debochados, como algo que interessa principalmente a almas invejosas ou imperfeitas, ou então o impulso por status é interpretado somente no sentido econômico. No entanto, a segunda história de amor não é menos intensa que a primeira nem menos complicada, importante ou universal, e seus reveses não são menos dolorosos. Aqui também há desilusão, sugerida pelos olhares distantes e resignados de muitos daqueles que o mundo elegeu para desprezar por serem ninguém.

A importância do amor

1

William James, *Os princípios da psicologia* (Boston, 1890): "Não se poderia pensar numa punição mais demoníaca, se tal coisa fosse fisicamente possível, do que estar numa sociedade e passar totalmente despercebido por todos os seus membros. Se ninguém se volta quando entramos, nem responde quando falamos ou se importa com o que fazemos, e se cada um que encontramos 'vira as costas' e age como se não existíssemos, uma espécie de raiva e desespero impotente brota em nós, e a tortura física mais cruel é um alívio comparada a isso."

2

Como somos afetados pela ausência de amor? Por que ser ignorado pode nos levar a sentir "uma espécie de raiva e desespero impotente", que são piores do que a própria tortura física?

Pode-se dizer que receber a atenção dos outros é importante principalmente porque somos afetados por uma incerteza congênita em relação ao nosso próprio valor – e, como resultado disso, o que os outros pensam de nós vem a ter um papel determinante no modo como conseguimos nos ver. Nosso senso de identidade torna-se cativo da opinião daqueles com quem convivemos. Se eles se divertem com as nossas piadas, ganhamos confiança em nosso poder de divertir. Se eles nos elogiam, desenvolvemos uma impressão de grande mérito. Já se eles evitam o nosso olhar, quando entramos em uma sala, ou parecem impacientes depois que revelamos a nossa ocupação, podemos ser vitimados por sentimentos de insegurança e inutilidade.

Em um mundo ideal, seríamos mais impermeáveis. Não nos abalaríamos sempre que fôssemos ignorados ou notados, elogiados ou zombados. Se alguém nos dirigisse falsos elogios, não nos deixaríamos seduzir sem razão. E se fizéssemos uma autoavaliação justa e nos convencêssemos de nosso valor, não nos deixaríamos magoar se outra pessoa sugerisse nossa irrelevância. Estaríamos conscientes do nosso valor. Em vez disso, carregamos internamente visões conflitantes quanto ao nosso caráter. Temos provas de inteligência e estupidez, humor e tédio, importância e inutilidade. E, nessas condições inconstantes, a atitude da sociedade passa a definir o quanto somos importantes. O desprezo acentua a avaliação negativa que fazemos de nós mesmos, enquanto um sorriso ou um cumprimento rapidamente revelam o contrário. Parece que dependemos da afeição dos outros para nos suportar. Nosso "ego", ou a concepção que temos de nós mesmos, pode ser comparado a um balão com vazamento, exigindo sempre o hélio do amor exterior para não murchar, e vulnerável às menores alfinetadas do desprezo. Há algo de preocupante e absurdo em como somos encorajados pela atenção e magoados pela desconsideração. Nosso humor pode se tornar sombrio porque um colega nos recebeu distraidamente e nossos telefonemas não foram retornados. E somos capazes de achar que vale a pena viver porque alguém se lembrou de nosso nome e nos mandou uma cesta de frutas.

3

Portanto, não é surpreendente que, tanto do ponto de vista emocional quanto material, o lugar que ocupamos no mundo nos cause aflição. Esse lugar determinará o amor que recebemos e, por consequência, se podemos gostar de nós mesmos ou se devemos perder a autoconfiança. Ele é a chave para algo cuja importância não tem precedentes para nós: um amor sem o qual o nosso caráter não inspira confiança nem firmeza.

As consequências do desprezo

ATITUDE DOS OUTROS	AUTOIMAGEM
Você é um fracasso. **Você não é importante.** **Você é maçante.**	**Eu sou uma desgraça.** **Eu não sou ninguém.** **Eu sou estúpido.** *Eu sou inteligente.* *Eu sou aceitável.* *Eu tenho valor.*

As consequências do amor

ATITUDE DOS OUTROS	AUTOIMAGEM
Você é inteligente. **Você é importante.** **Você é bem-sucedido.**	**Eu sou inteligente.** **Eu sou aceitável.** **Eu tenho valor.** *Eu sou uma desgraça.* *Eu não sou ninguém.* *Eu sou estúpido.*

II. ESNOBISMO

1

Nos nossos primeiros anos de vida, ninguém se importa muito com o que fazemos. A existência, por si só, é o bastante para nos garantir afeto incondicional. Podemos arrotar durante uma refeição, gritar com toda a força, não ganhar dinheiro algum e não ter amigos importantes – ainda assim somos valorizados.

Mas chegar à idade adulta significa assumir nosso lugar ao sol em um mundo dominado por pessoas indiferentes e esnobes, cujo comportamento está no cerne da ansiedade causada pelo desejo por status. Embora alguns amigos e amantes venham a prometer não nos rejeitar mesmo que nos desgracemos e declaremos falência (e, dependendo do dia, podemos até acreditar neles), é devido a atenções esparsas dos esnobes que nos mantemos.

2

A palavra *snobbery* – em português, "esnobismo" – passou a ser usada pela primeira vez na Inglaterra durante a década de 1820. Dizia-se derivar do hábito de muitas faculdades de Oxford e Cambridge de escrever *sine nobilitate* (sem nobreza), ou "s.nob.", ao lado dos nomes de alunos plebeus nas listas de seleção para distingui-los de seus colegas aristocratas.

Nos primeiros dias do uso da palavra, considerava-se que um esnobe seria alguém sem status elevado, mas o termo rapidamente assumiu seu significado moderno e quase diametralmente oposto: alguém ofendido pela falta de status elevado dos outros. Era também evidente que aqueles que usavam a palavra usavam-na pejorativamente, para descrever um processo de discriminação que achavam lamentável e digno de piada. Em *O livro dos esnobes* (1848), um ensaio pioneiro sobre o tema, William Thackeray observou que os esnobes, nos 25 anos anteriores, tinham "se espalhado pela Inglaterra como ferrovias. Eles agora são conhecidos e reconhecidos em um império em que o sol nunca se põe". Na verdade, a novidade não era o esnobismo, mas um espírito de igualdade que fazia com que a conduta discriminatória tradicional parecesse cada vez mais inaceitável, pelo menos para homens como Thackeray.

3

Desde então, tornou-se comum chamar de esnobe quase qualquer um que praticasse abertamente um preconceito social ou cultural, que declarasse um tipo de pessoa ou música ou vinho *obviamente* melhor que outro. Os esnobes abrangem – de acordo com essa ideia – todos os que insistem em uma escala de valores com veemência obstinada.

No entanto, talvez o significado de esnobismo esteja limitado a uma determinada forma de decidir quem e o que respeitar. A marca característica dos esnobes não é simplesmente a discriminação, é a insistência em uma correspondência perfeita entre a classe social e o valor humano.

Embora tradicionalmente tenha sido associado à aristocracia (pois o termo surgiu numa época e num lugar em que os aristocratas ocupavam o ápice da sociedade), a identificação do esnobismo com um entusiasmo pela caça e pelos clubes de cavalheiros não apreende a diversidade do fenômeno. Podemos encontrar os esnobes, ao longo do tempo, insinuando-se em diversos grupos proeminentes – soldados (Esparta, 400 a.C.), bispos (Roma, 1500), poetas (República de Weimar, 1815), agricultores (China, 1967) –, pois o principal interesse dos esnobes é o poder e, como a distribuição do poder muda, natural e imediatamente mudarão também os objetos de sua admiração.

4

Estar em companhia de esnobes pode nos enraivecer e irritar, porque percebemos que o que somos verdadeiramente – isto é, o que somos sem levar em conta o nosso status – exerce pouquíssima influência no comportamento deles em relação a nós. Podemos ser dotados da sabedoria de Salomão e da engenhosidade e da inteligência de Ulisses, mas, se não ostentarmos emblemas socialmente reconhecidos de nossas qualidades, nossa existência continuará sendo insignificante para os esnobes.

Essa natureza condicional talvez nos seja dolorosa porque o amor adulto conserva, como protótipo, o amor incondicional dos pais pelos filhos. Nossas primeiras experiências de amor provêm de cuidados que recebemos em uma condição desprotegida, vulnerável. Por definição, os bebês não podem pagar com recompensas mundanas a quem lhes presta cuidados. Se são amados e cuidados é pelo que são – a identidade em seu estado mais despido, mais despojado. Eles são amados por seu caráter descontrolado, barulhento e teimoso – ou apesar dele.

É só quando amadurecemos que a afeição começa a depender de realização: ser educado, bem-sucedido durante e após os anos escolares, adquirir distinção e prestígio. Tais esforços podem atrair o interesse dos outros, mas o anseio emocional subjacente pode não ser tanto o de deslumbrar as pessoas com os nossos atos, mas sim o de reviver a sensação de receber mimos constantes e indiscriminados como quando empilhávamos tijolinhos de madeira no chão da cozinha e tínhamos um corpo rechonchudo e olhos grandes e confiantes.

É indício desse anseio que só o adulador mais inepto admitiria basear uma amizade em sua atração pelo poder ou pela fama. Esses atrativos pareceriam motivos insultantes e efêmeros para sermos convidados para um almoço, porque não fazem parte de nossas identidades verdadeiras e irredutíveis. Podemos perder empregos e ter nossa influência destruída sem que pereçamos ou que nossa necessidade de afeição, originada na infância, seja extinta. Aduladores talentosos, portanto, sabem que devem sugerir que estão interessados estritamente na parte sem status de sua presa, que o carro oficial, os perfis nos jornais ou o cargo de diretoria da empresa são características que apenas coincidem com uma ligação profunda e pura.

Porém, apesar de seus esforços, a presa é propensa a detectar a efemeridade sob a superfície polida e abandonar a companhia dos esnobes por temer a irrelevância de sua personalidade real, em comparação com qualquer status que, por algum tempo, possa sustentar.

5

Dado seu interesse exclusivo em reputação e realização, quando as circunstâncias externas de seus conhecidos se alteram, os esnobes tendem a fazer reavaliações tragicômicas e súbitas de quem poderá ser seus amigos mais íntimos.

Num anoitecer nevoento em Paris, no fim do século XIX, o narrador burguês de *Em busca do tempo perdido* (1922), de Marcel Proust, vai a um restaurante caro para jantar com um amigo aristocrata, o marquês de Saint--Loup. Ele chega cedo, Saint-Loup está atrasado, e os garçons, julgando seu cliente com base em um casaco surrado e um nome que não lhes é familiar, presumem que um "ninguém" entrou em seu estabelecimento. Eles, portanto, o tratam com condescendência, levam-no a uma mesa por onde passa uma corrente de ar gelado e demoram a lhe oferecer alguma coisa para beber ou comer.

Mas quinze minutos depois chega o marquês, identifica o amigo e, num átimo, transforma o valor do narrador aos olhos dos garçons. O *maître* se curva profundamente diante dele, estende o menu, recita os especiais do dia com floreios evocativos, cumprimenta-o por suas roupas e, como que para evitar que ele pense que aquela cortesia depende de sua ligação com um aristocrata, de vez em quando lhe dirige um sorrisinho furtivo que parece indicar um afeto pessoal. Quando o narrador pede a ele um pedaço de pão, o *maître* bate os calcanhares e exclama: "'Certamente, *monsieur le baron*!' 'Eu não sou barão', disse-lhe eu em tom de pesar zombeteiro. 'Oh, perdoe-me, *monsieur le comte*!' Não tive tempo de apresentar um segundo protesto, que sem dúvida teria me promovido à categoria dos marqueses".

Embora a retratação seja satisfatória, a dinâmica subjacente é triste, porque o *maître* evidentemente não corrigiu seu sistema de valores esnobe. Ele apenas recompensou uma pessoa de forma diferente dentro de seus limites grosseiros – e só raramente temos a oportunidade de conhecer um marquês de Saint-Loup ou um Príncipe Encantado que pode falar em nosso nome para convencer o mundo da nobreza de nossa alma. Em geral somos destinados a jantar na corrente de ar gelado.

6

O problema é acobertado pelos jornais. Como os esnobes combinam uma capacidade de julgamento independente fraca com um apetite pelas opiniões de pessoas influentes, suas crenças serão estabelecidas, em um nível crítico, pelo clima da imprensa.

Thackeray propôs que a preocupação obsessiva do inglês com o status elevado e a aristocracia pode ter sua origem nos jornais do país, que diariamente impõem mensagens sobre o prestígio do nobre e do famoso e, como consequência, a banalidade do plebeu e do comum. O bicho-papão particular de Thackeray era a seção "Giro pela Corte" dos jornais, que cobriam reverentemente as festas, feriados, nascimentos e mortes da "alta sociedade". Em outubro de 1848, o mês da publicação de seu *Livro dos esnobes*, o Giro pela Corte do *Morning Post* relatou a festa de abertura de caça de lorde Brougham na Brougham Hall ("considerado por todos um bom esporte"), o parto iminente de lady Agnes Duff em Edimburgo e o casamento de Georgina Pakenham com lorde Burghley ("Sua Senhoria estava magnificamente vestida com um traje de cetim branco, guarnecido de rendas e um corsage *montant*. Desnecessário dizer que estava primorosa.").

"Como podemos evitar ser esnobes, quando essa tolice toda é colocada diante de nós?", perguntou-se Thackeray. "Oh, abaixo os jornais, esses engenheiros e propagadores do esnobismo!" Para estender o pensamento de Thackeray, os níveis de desejo de status diminuiriam muito se os jornais trocassem uma fração de seu interesse em lady Agnes Duff e seus sucessores por um foco na importância da vida comum.

7

Tentando entender o problema, talvez ele seja somente o eterno medo da culpa. Subestimar os outros não é passatempo para os que são convencidos de sua própria posição. Existe terror por trás da arrogância. É preciso que tenhamos sido punidos pelo nosso próprio complexo de inferioridade para permitir que os outros achem que não são bons o bastante para nós.

O medo atravessa gerações. Seguindo um padrão comum a todo comportamento abusivo, esnobes geram esnobes. A geração mais velha impõe uma associação extraordinariamente poderosa entre classe modesta e catástrofe, negando à sua descendência a base emocional que lhes permitiria imaginar que status baixo (o seu próprio e o dos outros) não equivale a falta de valor, nem um status elevado à excelência.

"Lá estão as Spicer Wilcox, mamãe!", exclama a filha à mãe, enquanto caminham pelo Hyde Park numa manhã de primavera, conforme mostra uma charge da *Punch*, de 1892. "Eu soube que elas estão morrendo de vontade de nos conhecer. Não é melhor falarmos com elas?"

"Claro que não, querida", responde a mãe. "Se elas estão morrendo de vontade de nos conhecer, não vale a pena conhecê-las. As únicas pessoas que nós devemos conhecer são aquelas que não querem nos conhecer!"

A menos que a mãe possa ser ajudada a curar as feridas que seu comportamento testifica, há pouca esperança de que a filha venha a ser capaz de ter um interesse maior nas Spicer Wilcox – e muito pouca esperança de que os ciclos de esnobismo induzidos pelo medo venham a ser interrompidos um dia.

Porém, é difícil renunciarmos às táticas de esnobismo sozinhos, pois, para começar, a doença é coletiva. Um ressentimento da juventude com o esnobismo não é o suficiente para evitar que aos poucos nos transformemos em esnobes, porque ser desprezado com insolência fomenta quase naturalmente uma ânsia por ganhar a atenção de quem nos despreza (*não gostar* das pessoas raramente é motivo suficiente para não querer que elas gostem de *nós*). O esnobismo de um grupo proeminente pode, portanto, aliciar a população para ambições sociais que no início possivelmente não eram de sua preferência, mas que agora são procuradas como o único meio aparente de se obter amor e reconhecimento.

– Lá estão as Spicer Wilcox, mamãe! Eu soube que elas estão morrendo de vontade de nos conhecer. Não é melhor falarmos com elas?
– Claro que não, querida. Se elas estão morrendo de vontade de nos conhecer, não vale a pena conhecê-las. As únicas pessoas que nós devemos conhecer são aquelas que não querem nos conhecer!

Em vez do desprezo, o pesar e a compreensão podem ser respostas mais adequadas para o comportamento que, no fundo, é motivado por um desejo amedrontado e frustrado de respeitabilidade.

Pode ser tentador rir daqueles que se afligem por um desejo de possuir símbolos de status: os exibicionistas, donos de torneiras de ouro. A história do mobiliário vitoriano foi dominada pela venda de alguns itens de mau gosto evidente. Muitos eram obra da empresa londrina Jackson & Graham, cuja oferta mais vistosa foi um armário de carvalho, adornado com figuras de rapazes colhendo uvas, duas cariátides e algumas pilastras entalhadas.

O todo era coroado por um majestoso touro de sessenta centímetros de altura folheado a ouro.

Antes de zombar de qualquer pessoa que tenha comprado essa peça, seria talvez mais justo nos perguntarmos sobre o contexto mais amplo em que esse tipo de móvel foi produzido e consumido. Em vez de caçoar

Armário de carvalho entalhado, Jackson & Graham, Londres, 1852

dos compradores, podemos culpar a sociedade em que eles viviam por criar uma situação em que se considerava a compra de armários ornamentados psicologicamente necessária e recompensadora, em que o respeito dependia de ostentações barrocas. Ao contrário da história da cobiça, a história do luxo pode ser interpretada como um registro de trauma emocional. É o legado daqueles que se sentiam pressionados pelo desdém dos outros a acrescentar uma importância extraordinária à sua personalidade, a fim de indicar que eles também podiam reivindicar amor.

8

Se a pobreza é a punição material costumeira para um status inferior, então o desprezo e os olhares distantes são as punições emocionais que um mundo esnobe parece incapaz de deixar de impor aos que são privados dos símbolos de importância.

III. EXPECTATIVA

Progresso material

1

Em julho de 1959, o vice-presidente americano, Richard Nixon, viajou a Moscou para inaugurar uma exposição das realizações tecnológicas e materiais de seu país. O destaque da exposição foi uma réplica em tamanho natural da casa de um trabalhador americano médio: era equipada com carpetes, um aparelho de televisão na sala de estar, duas suítes, aquecimento central e uma cozinha com uma máquina de lavar, uma secadora e uma geladeira.

Descrevendo a exposição, a imprensa soviética, enfurecida, negou que um trabalhador americano comum pudesse viver em tal luxo e aconselhou seus leitores a repudiar a casa como uma peça de propaganda – depois de batizá-la, em tom de deboche, como "Taj Mahal".

Quando Nixon guiou Khruschov pela exposição, o líder soviético ficou igualmente cético. Do lado de fora da cozinha da casa-modelo, Khruschov apontou para um espremedor de frutas elétrico e assinalou a Nixon que ninguém em seu juízo perfeito iria querer adquirir uma "quinquilharia tão tola". "Qualquer coisa que faça as mulheres trabalharem menos só pode ser útil", respondeu Nixon. "Não pensamos nas mulheres como trabalhadoras... como vocês fazem no sistema capitalista", rebateu Khruschov, furioso.

Mais tarde, naquela noite, Nixon foi convidado a participar de um programa da televisão soviética e aproveitou a oportunidade para expor as vantagens da vida americana. Com sagacidade, ele não começou mencionando a democracia ou os direitos humanos; começou

Nikita Khruschov e Richard Nixon do lado de fora da cozinha do "Taj Mahal", Exposição Nacional Americana, Moscou, 1959

pelo dinheiro e pelo progresso material. Nixon explicou que os países ocidentais, através do empreendimento e da indústria, em apenas alguns séculos conseguiram superar a pobreza e a fome que existiam até meados do século XVIII – e que ainda continuava existindo em muitas partes do mundo. Os americanos modernos tinham 56 milhões de aparelhos de tevê e 143 milhões de rádios, informou ele a seu público soviético, muitos dos quais não tinham banheiro nem aquecedor. Cerca de 31 milhões de famílias adquiriram casa própria. Uma família americana média podia comprar nove vestidos e ternos e catorze pares de sapatos anualmente. Nos Estados Unidos, podia-se ter uma casa em mil estilos arquitetônicos diferentes. A maioria dessas casas era maior que um estúdio de televisão. Khruschov, sentado ao lado de Nixon, cerrou os punhos e gritou com raiva: "Nyet! Nyet!", acrescentando a meia-voz, segundo se disse: "*Ëb' tvoyu babushky*" ("Vá foder a sua avó").

2

Mas Nixon não estava mentindo. Nos dois séculos que precederam seu discurso, os países do Ocidente tinham testemunhado a transformação mais rápida e mais radical nos padrões de vida em toda a história.

A maioria da população da Europa medieval e do início da era moderna pertencia à classe camponesa. Eram pobres, subnutridos, sentiam frio, medo e morriam – em geral depois de alguma agonia – antes de completar quarenta anos. Depois de uma vida inteira de trabalho, sua posse mais cara podia ser uma vaca, uma cabra ou uma panela. A fome estava sempre por perto, e as doenças eram frequentes; entre as mais comuns estavam raquitismo, úlceras, tuberculose, lepra, abscessos, gangrena, tumores e cancros.

3

Então, na Grã-Bretanha do início do século XVIII, começou a grande transformação ocidental. Graças a algumas técnicas agrícolas (rotação de culturas, pecuária científica e tratamento das terras), a produção começou a aumentar rapidamente. De 1700 a 1820, a produtividade agrícola britânica duplicou, liberando capital e mão de obra que fluíram para as cidades e foram investidos na indústria e no comércio. A invenção do motor a vapor e do tear mecânico alterou as práticas de trabalho e as expectativas sociais. O tamanho das cidades explodiu. Em 1800, apenas uma cidade nas ilhas britânicas, Londres, tinha uma população de mais de 100 mil habitantes; em 1891, já havia 23 cidades. Bens e serviços que antes eram privilégio de uma elite tornaram-se amplamente disponíveis. Os luxos transformaram-se no padrão, e o padrão, em necessidade. Daniel Defoe, viajando pelo sul da Inglaterra em 1745, observou a abertura de grandes lojas, com vitrines e produtos atraentes. Embora ao longo da maior parte da história a moda tenha permanecido estática por décadas ou períodos ainda mais longos, passou a ser possível identificar estilos específicos a cada ano que passava (na Inglaterra em 1753 o roxo estava na moda para as mulheres, em 1754 foi a vez do linho branco com um padrão cor-de-rosa, e, em 1755, do cinza-chumbo).

A revolução no consumo britânico se espalhou e se expandiu no século XIX. Lojas de departamentos gigantescas eram inauguradas em toda a Europa e nos Estados Unidos: a Bon Marché e Au Printemps em Paris, Selfridge's e Whiteley's em Londres, Macy's em Nova York.

Elas ofereciam às pessoas comuns bens que antes eram privilégio da realeza. Na cerimônia de inauguração, para marcar a abertura de uma nova loja Marshall-Field's de doze andares em Chicago, em 1902, o gerente, Gordon Selfridge, explicou: "Construímos esta grande instituição para as pessoas comuns, para ser sua loja, seu lar no centro da cidade, a sede de suas compras." Não era, disse ele, "só para os ricos arrogantes".

Várias invenções tecnológicas transformaram a vida cotidiana – e ajudaram também a alterar os horizontes mentais: a antiga visão cíclica do mundo, segundo a qual se esperava que o ano seguinte fosse igual ao anterior (e tão ruim quanto), deu lugar à ideia de que a humanidade podia progredir anualmente para a perfeição. Para citar somente algumas dessas invenções:

Flocos de milho – Foram patenteados por J. H. Kellogg em 1895, depois de acidentalmente ter essa ideia

Escadaria central, loja de departamentos Bon Marché, Paris, 1880

quando a mistura de grãos que ele servia aos internos de seu sanatório endureceu por engano e se despedaçou em flocos.

• **Abridor de latas** – Foi patenteado em 1870.

• **Alfinete de segurança** – Foi inventado em 1849.

• **Máquina de costura** – Foi desenvolvida por I. M. Singer em 1851. As roupas prontas para vestir começaram a se tornar mais comuns a partir da década de 1860; roupas íntimas feitas à máquina apareceram na década de 1870.

• **Máquina de escrever** – Foi inventada em 1867 (o primeiro manuscrito a ser datilografado foi *Velhos tempos no Mississippi*, de Mark Twain, em 1883).

• **Alimentos processados** – Na década de 1860, a Crosse & Blackwell britânica estava fabricando 102 mil litros de ketchup por ano. No início da década de 1880, o químico Alfred Bird inventou um pudim em pó sem ovo. O manjar branco em pó foi inventado na década de 1870, e os cristais de gelatina nos anos 1890.

• **Alimentos *light*** – Os adoçantes esteáricos passaram a ser usados a partir da década de 1830, substituindo os antigos adoçantes espessos.

• **Saneamento** – Em 1846, Doulton começou a fabricar encanamento de faiança vitrificada, o que criou uma revolução na rede de esgotos metropolitana. No fim da década de 1870, os banheiros públicos começaram a aparecer na Europa e nos Estados Unidos. O famoso "vaso pedestal" de George Jennings, de 1884, surpreendeu o público pela capacidade de eliminar, como dizia a publicidade, "dez maçãs e uma esponja com um fluxo de sete litros".

• **Telefone** – Foi inventado por Alexander Graham Bell em 1863.

• **Lavagem a seco** – Foi inventada em 1849 pelo alfaiate parisiense Jolly-Bellin, que tinha derramado terebintina acidentalmente em uma toalha de mesa e descobriu que as manchas da parte coberta pela terebintina tinham clareado. A partir de 1866, a Pullars of Perth estava oferecendo um serviço postal de lavagem a seco em dois dias em qualquer lugar das Ilhas Britânicas e tinha aprimorado o fluido de limpeza de Jolly-Bellin com uma mistura de petróleo e benzeno.

George Jennings, vaso pedestal, 1884

4

O progresso material se acelerou ainda mais no século XX. Em seu *English Journey* (1934), J. B. Priestley observou que uma Inglaterra diferente tinha surgido, um país de estradas e bangalôs, onde trabalhadores comuns liam tabloides, ouviam rádio, passavam as horas de folga fazendo compras e procurando aumentar a renda ano a ano: "Nesta Inglaterra, pela primeira vez, João e Maria são quase tão bons quanto seus patrões."

Em *The Lion and the Unicorn* (1941), George Orwell retratou aspectos semelhantes da revolução material do Ocidente: "Quase todos os cidadãos de países civilizados agora desfrutam do uso de boas estradas,

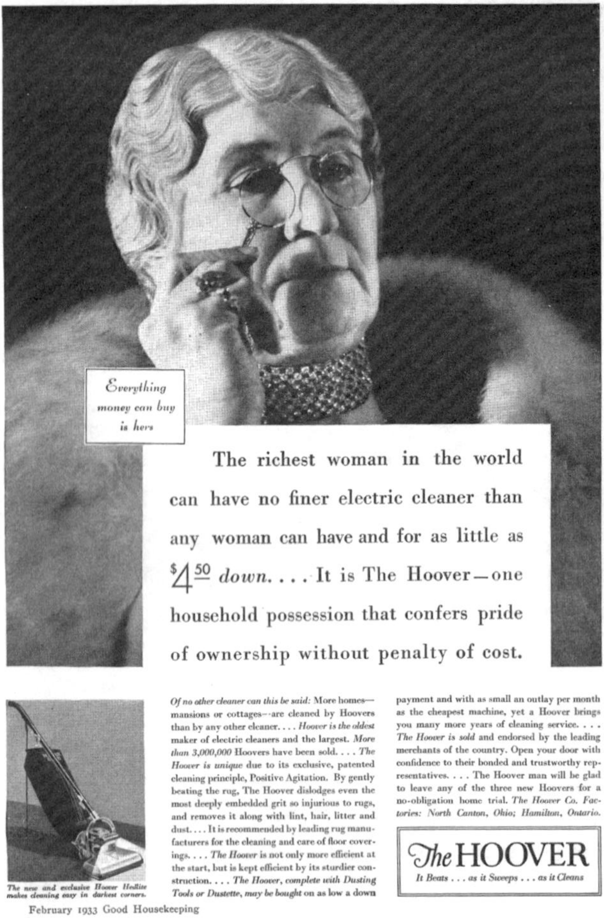

Uma revolução democrática do consumo: propaganda da Hoover, fevereiro de 1933

água sem germes, proteção policial, bibliotecas gratuitas e provavelmente algum tipo de educação gratuita. Cada vez mais ricos e pobres leem os mesmos livros e também veem os mesmos filmes e ouvem os mesmos programas de rádio. As diferenças entre seus modos de vida foram diminuídas pela produção em massa de roupas baratas e por melhorias na habitação. O lugar para procurar pelo embrião da futura Inglaterra é nas áreas de indústria leve e junto às estradas. Em Slough, Dagenham, Barnet, Letchworth, Hayes – de fato, em todo canto próximo aos grandes centros urbanos –, o velho padrão aos poucos é substituído por alguma coisa nova. Naquela imensidão de vidro e tijolos, há uma vida bastante agitada de pouca cultura, comida enlatada, Picture Post, rádio e motor de combustão interna."

Quando Franklin D. Roosevelt foi indagado sobre que livro poderia dar aos soviéticos para ensinar-lhes as vantagens da sociedade americana, ele citou o catálogo da Sears.

Na expansão econômica que se seguiu à Segunda Guerra Mundial, os consumidores ocidentais, em particular os americanos, tornaram-se os mais privilegiados do planeta, e os mais atormentados também.

Nos Estados Unidos, em todo o país, novos anseios eram criados pelo desenvolvimento de shoppings, que permitiam aos cidadãos comprarem a qualquer hora em ambientes climatizados. Quando o shopping Southdale foi inaugurado em Minnesota, em 1950, sua propaganda anunciou: "Todo dia será um dia de compras perfeito no Southdale".

Na década de 1970, estimava-se que os americanos passavam mais tempo no shopping do que em qualquer outro lugar – a não ser seu local de trabalho e seus Taj Mahals.

99¢ ONLY
Mounds
Kit Kat
3.99

Andreas Gursky, *99 cents*, 2000

Catálogo da Sears, primavera de 1934

Igualdade, expectativa e inveja

1

As vantagens de duzentos anos de civilização ocidental são bem conhecidas: a riqueza, o fornecimento de alimentos, o conhecimento científico, os bens de consumo, a segurança física, a expectativa de vida e as oportunidades econômicas aumentaram extraordinariamente. O que é talvez menos aparente e mais surpreendente é a forma como esses avanços materiais impressionantes podem ter andado lado a lado com um fenômeno que não foi mencionado no discurso de Nixon a seus espectadores soviéticos: um aumento dos níveis de desejo de status entre cidadãos ocidentais comuns, o que quer dizer um aumento nos níveis de preocupação com o valor, a realização e a renda.

Um declínio acentuado na privação real pode ter sido acompanhado – paradoxalmente – de um senso contínuo e até maior de privação e de um medo dela. Populações abençoadas com riquezas e possibilidades que superam em muito aquelas imaginadas por seus ancestrais que lavravam o solo imprevisível da Europa medieval mostraram uma capacidade fora do comum de achar que tanto o que eram quanto o que tinham não era suficiente.

2

Esses sentimentos de privação podem não parecer tão peculiares, contudo, quando consideramos a psicologia por trás do modo como decidimos o que é suficiente. Nossa noção de um limite adequado para qualquer coisa – por exemplo, riqueza e estima – nunca é formada de maneira independente. Ela provém da comparação da nossa situação com a de um grupo de referência, composto pelas pessoas que consideramos nossos iguais. Não conseguimos avaliar o que temos isoladamente e nem comparando com a vida de nossos antepassados medievais. Não ficamos impressionados com nossa prosperidade em termos históricos. Nós somente teremos a sensação de que obtivemos êxito quando tivermos tanto quanto as pessoas com quem crescemos, com quem trabalhamos, que consideramos amigos e com quem nos identificamos na esfera pública ou quando tivermos um pouco mais que elas.

Se nascemos e vivemos em uma cabana insalubre e vulnerável ao vento, nos curvamos ao governo severo de um aristocrata que mora num castelo grande e bem aquecido mas observamos que todos os nossos iguais vivem como nós, então nossa situação parecerá normal; lamentável, certamente, mas não um terreno fértil para a inveja. Se temos uma casa de campo e um emprego aprazível, mas tomamos conhecimento, pelo comparecimento imprudente a um encontro de ex-alunos, que alguns de nossos velhos amigos (não existe grupo de referência mais forte) agora vivem em casas maiores que a nossa, compradas com a renda de cargos mais atraentes, provavelmente voltaremos para casa nutrindo um violento sentimento de infelicidade.

É o sentimento de que podemos ser um pouco diferentes do que somos – um sentimento transmitido pelas realizações superiores daqueles que consideramos nossos iguais – que gera desejo e ressentimento. Se somos baixos e vivemos entre pessoas que são todas do nosso tamanho, não seremos perturbados pela nossa altura (Figura 1).

Figura 1

Mas se os outros em nosso grupo crescem e ficam um pouco mais altos, ficamos sujeitos a um desconforto súbito e podemos ficar insatisfeitos e sentir inveja – muito embora não tenhamos perdido nem um milímetro de altura (Figura 2).

Figura 2

Dadas as grandes desigualdades com que nos defrontamos diariamente, talvez a característica mais notável da inveja seja a de que não conseguimos invejar todo o mundo. Há pessoas cujas enormes bênçãos nos deixam completamente tranquilos, e outras cujas pequenas vantagens são uma fonte de tormento interminável. Invejamos somente aqueles que consideramos nossos semelhantes, invejamos somente membros de nosso grupo de referência. Poucos êxitos são mais intoleráveis do que os êxitos de nossos amigos íntimos.

3

David Hume, *Tratado da natureza humana* (Edimburgo, 1739):

"Não é uma grande desproporção entre nós mesmos e os outros que produz a inveja, mas, ao contrário, uma proximidade. Um soldado comum não alimenta inveja por seu general se comparada com a que ele sentirá por seu sargento ou seu cabo; nem um eminente escritor encontrará tanto ciúme por escritores assalariados como por autores que estão mais próximos dele. Uma grande desproporção elimina a relação e evita que nos comparemos com o que nos é distante ou diminui os efeitos da comparação."

4

Disso se segue que quanto mais pessoas consideramos nossas iguais e com elas nos comparamos mais gente haverá para invejar.

As grandes revoluções políticas e de consumo dos séculos XVIII e XIX levaram a uma angústia psicológica, mesmo tendo ampliado a riqueza material da humanidade. Isso se deu por causa de um novo e extraordinário ideal em torno do qual essas revoluções eram fundamentadas: a crença prática na igualdade inata de todos os seres humanos e no poder que qualquer um tem de realizar o que quiser.

Na maior parte da história, predominou um pressuposto contrário: a desigualdade e as baixas expectativas eram consideradas normais e sensatas. Só muito poucos chegavam a aspirar à riqueza e à satisfação. A maioria sabia muito bem que estava condenada à exploração e à resignação.

"Está claro que alguns homens são livres por natureza e outros são escravos por natureza e que para estes últimos a escravidão é conveniente e correta", declarou Aristóteles em sua *Política* (350 a.C.) – para a aprovação de quase todos os pensadores e líderes gregos e romanos. No mundo antigo, os escravos e as classes trabalhadoras geralmente eram considerados criaturas que careciam de razão e, portanto, eram naturalmente aptas a uma vida desoladora, como as bestas de carga usadas para lavrar os campos. A elite teria considerado tão absurdo sustentar que eles podiam ter direitos e aspirações quanto indagar sobre o estado mental e o nível de felicidade de um martelo ou uma foice.

A ideia de que a desigualdade era justa, ou pelo menos irrevogável, era com frequência compartilhada pelos próprios oprimidos. Com a disseminação dos ensinamentos cristãos durante o último período do Império Romano, muitos se tornaram fiéis da religião, que os ensinava a interpretar o tratamento desigual que recebiam como parte de uma ordem natural e inalterável. Apesar dos princípios igualitários nos ensinamentos de Cristo, os teóricos políticos cristãos quase nunca sugeriam que a estrutura social terrena podia ser reformada para que seus membros compartilhassem com mais justiça a riqueza da terra. Os seres humanos podiam ser iguais perante Deus, mas isso não era motivo para que começassem a buscar a igualdade na prática.

Para esses teóricos, uma boa sociedade cristã assumia a forma de uma monarquia absolutista rigidamente estratificada, que se dizia refletir a estrutura de um reino celestial. Assim como Deus exercia um poder absoluto sobre toda a criação, dos anjos ao menor dos sapos, entendia-se que seus governantes nomeados na terra também presidiam uma sociedade onde Deus tinha dado a todos seu lugar, do nobre ao lavrador. Não teria sentido algum acusar um aristocrata medieval inglês de "esnobismo" por suas atitudes com relação aos que lhe eram hierarquicamente inferiores. Um termo pejorativo para a segregação só pôde aparecer quando foi possível uma forma mais igualitária de olhar as pessoas.

Sir John Fortescue, jurista inglês do século XV, repetiu uma ideia que era considerada correta em todo o período medieval quando explicou: "Do mais elevado ao menos elevado, não existe anjo que não tenha um inferior e um superior; nem do homem ao verme mais vil existe criatura que não seja em algum aspecto superior a alguma criatura e inferior a outra". Questionar por que algumas pessoas eram condenadas a lavrar o solo enquanto outras festejavam em salões de banquete era, para a ideologia dominante, questionar a vontade do Criador.

Uma visão medieval da hierarquia: Jacobello de Fiore, *A coroação da Virgem no Paraíso*, 1438

Em seu *Policraticus* (1159), John de Salisbury tornou-se o mais famoso escritor cristão a comparar a sociedade a um corpo – e a usar essa analogia para justificar um sistema de desigualdade natural. No relato de Salisbury, cada parte do Estado podia se relacionar com uma parte do ser humano: o governante era a cabeça; o parlamento, o coração; o tribunal, os flancos; os funcionários públicos e juízes eram os olhos, os ouvidos e a língua; a barriga e os intestinos eram o tesouro; as forças armadas eram as mãos e os camponeses e trabalhadores, os pés. A imagem sugeria que todos na sociedade tinham recebido papéis inalteráveis e que teria sido tão peculiar para um camponês solicitar residência em uma mansão senhorial e ter voz ativa no governo quanto para um dedão querer ser um olho.

5

Foi somente em meados do século XVII que o pensamento político começou a avançar em um sentido mais igualitário.

Em *Leviatã* (1651), Thomas Hobbes propôs que os indivíduos existiam antes do nascimento das sociedades e que tinham se unido a essas sociedades somente para seu próprio benefício, concordando em renunciar a seus direitos naturais em troca de proteção – uma ideia seminal repetida algumas décadas depois por John Locke em *Dois tratados sobre o governo* (1689). Deus não dera a Adão, raciocinou Locke, o "domínio privado" sobre a terra, Ele havia dado a terra "à humanidade em comum", para o desfrute de todos. Os governantes eram os instrumentos do povo e só podiam ser obedecidos à medida que servissem ao interesse geral. Nascia então uma ideia surpreendentemente moderna: de que a justificativa dos governos estava em sua capacidade de promover oportunidades para a prosperidade e a felicidade de todos os governados.

Os apelos por igualdade política e oportunidade social e econômica, que permaneceram no éter por um século e meio, finalmente encontraram expressão dramática e concreta na Revolução Americana de 1776. Talvez mais do que qualquer outro acontecimento na história ocidental (mais que a Revolução Francesa que a sucedeu), essa revolução mudou para sempre a base sobre a qual o status era outorgado, alterando sociedades de hierarquias aristocráticas hereditárias – em que havia oportunidades limitadas para o progresso e em que o status era atribuído com base na idade e na honra da família da pessoa – para economias dinâmicas – em que o status era atribuído de acordo com as realizações (em grande parte financeiras) de cada nova geração.

Em 1791, o geógrafo Jedidiah Morse escreveu que a Nova Inglaterra era um lugar "onde cada homem se pensa pelo menos tão bom quanto seus vizinhos e acredita que toda a humanidade tem, ou deve ter, direitos iguais". A etiqueta americana evoluiu no sentido democrático. Os servos deixaram de chamar seus empregadores de "patrão" ou "patroa". Os títulos "Ilustríssimo Senhor" e "Sua Excelência" foram banidos. Todos os estados americanos aboliram a primogenitura e foram dados direitos iguais de propriedade a filhas e viúvas. O médico e historiador David Ramsay, em seu *Oration on the Advantages of American Independence*, lançado em 4 de julho de 1778, explicou que o objetivo da revolução era criar uma sociedade na qual "todos os cargos públicos permanecem abertos a homens de mérito de qualquer classe ou condição. Até as rédeas do Estado podem ficar nas mãos do filho do homem mais pobre, se ele possuir as capacidades equivalentes a essa importante posição". Em sua autobiografia, Thomas Jefferson explicou que sua vida fora voltada para a criação de "uma abertura para a aristocracia da virtude e do talento", em substituição à velha aristocracia do privilégio e, em muitos casos, da estupidez brutal.

Em *Leaves of Grass* (1855),Walt Whitman identificou a grandeza da América com a igualdade e a falta de deferência: "O espírito dos Estados Unidos não aparece de forma mais marcante em seus executivos e juristas, nem em seus embaixadores ou escritores ou faculdades ou igrejas ou salões, nem mesmo em seus jornais e inventores (...) mas sempre mais no povo comum (...) o ar que eles têm de pessoas que nunca souberam como se comportar na presença de superiores (...) a terrível importância de suas eleições – o presidente tirando o chapéu para eles, e não eles para o presidente (...)".

6

Mas nem os admiradores das revoluções democráticas e de consumo podem deixar de perceber um problema específico imposto sobre as sociedades modernas e igualitárias que criaram. Um dos primeiros pensadores a frisar esse ponto foi Alexis de Tocqueville.

Na década de 1830, viajando pelos Estados Unidos, na época um país jovem, o advogado e historiador francês identificou uma doença inesperada que corroía a alma dos cidadãos da nova república. Os americanos tinham muito, mas essa prosperidade não os impedia de querer ainda mais e de sofrer sempre que viam outra pessoa com posses maiores que as suas. Em um capítulo de *A democracia na América* (1835) intitulado "Por que os americanos costumam ser incansáveis em meio a sua prosperidade", ele esboçou uma análise resignada da relação entre a insatisfação e a expectativa elevada, entre inveja e igualdade:

"Como todas as prerrogativas de nascimento e fortuna foram abolidas, como cada profissão é aberta a todos, um homem ambicioso pensa que é fácil se lançar em uma grande carreira e acha que foi convocado a um destino extraordinário. Mas isso é uma ilusão que a experiência corrige rapidamente. Quando a desigualdade é a regra geral na sociedade, as maiores desigualdades não atraem atenção nenhuma. Mas, quando tudo é mais ou menos nivelado, a menor variação é percebida (...). Essa é a razão para a estranha melancolia que com frequência assombra os habitantes de democracias em meio à abundância e por isso o desgosto com a vida às vezes os agarra até em circunstâncias tranquilas e fáceis. Na França, nos preocupamos com a taxa crescente de suicídios. Na América, o suicídio é raro, mas soube que a loucura é mais comum que em qualquer outro lugar."

Familiarizado com as limitações das sociedades aristocráticas, Tocqueville não tinha vontade de voltar às condições que existiam antes de 1776 ou 1789. Ele sabia que os habitantes do Ocidente moderno desfrutavam de um padrão de vida muito superior ao das classes mais baixas da Europa medieval. Mas ele gostaria que essas classes excluídas também tivessem sido beneficiadas com uma tranquilidade mental negada a seus sucessores para sempre:

"Quando o poder monárquico governava as nações apoiado pelas aristocracias, a sociedade, apesar de todas as suas desventuras, desfrutava de vários tipos de felicidade que são difíceis de apreciar hoje em dia. Sem jamais terem concebido a possibilidade de um estado social diferente daquele que conheciam e jamais esperarem se tornar iguais a seus líderes, as pessoas não questionavam seus direitos. Elas não sentiam repugnância nem degradação por se submeterem a suas severidades, que pareciam a elas males inevitáveis enviados por Deus. O servo considerava sua inferioridade um efeito da ordem imutável da natureza. Consequentemente, uma espécie de aquiescência foi estabelecida entre classes tão diferentemente favorecidas pela fortuna. Podia-se encontrar desigualdade na sociedade, mas a alma dos homens não se degradava desse modo."

As democracias, contudo, desmancharam todas as barreiras à expectativa. Os membros da comunidade se sentiam teoricamente iguais, mesmo quando lhes faltavam os meios para alcançar a igualdade material. "Na América", escreveu Tocqueville, "nunca vi um cidadão tão pobre a ponto de lançar um olhar de esperança e inveja aos prazeres dos ricos." Os cidadãos pobres observavam os ricos de perto e confiavam que eles também, um dia, seguiriam seus passos. Nem sempre estavam errados. Várias fortunas foram feitas por pessoas de origem humilde. Entretanto, as exceções não compõem a regra. A América ainda tinha uma subclasse. O caso é que, ao contrário dos pobres das sociedades aristocráticas, os pobres americanos não conseguiam mais ver sua situação como outra coisa além de uma traição a suas expectativas.

As diferentes concepções de pobreza sustentada por membros de sociedades aristocráticas e democráticas eram particularmente evidentes, acreditava Tocqueville, na atitude dos empregados em relação a seus patrões. Nas aristocracias, os servos com frequência aceitavam seu destino de bom grado; eles podiam ter, nas palavras de Tocqueville, "pensamentos elevados, um forte orgulho e respeito próprio". Nas democracias, contudo, a atmosfera da imprensa e da opinião pública sugeria incansavelmente aos empregados que eles podiam chegar aos pináculos da sociedade, que podiam se tornar industriais, juízes, cientistas ou presidentes. Embora esse senso de oportunidade ilimitada pudesse estimular, no início, um contentamento superficial, especialmente entre os empregados jovens, e, embora ele permitisse que o mais talentoso ou sortudo satisfizesse suas metas, com o passar do tempo e com o insucesso da maioria das pessoas, Tocqueville percebeu que o humor delas tornou-se sombrio, a amargura assumiu o controle e sufocou o espírito, e o ódio que tinham de si mesmas e de seus senhores tornou-se feroz.

O sistema de hierarquia rígida que existiu em quase toda a sociedade ocidental até o século XVIII e negou toda esperança de movimento social exceto em raros casos, o sistema glorificado por John de Salisbury e John

Fortescue, era injusto em mil outras formas óbvias, mas oferecia uma liberdade notável àqueles que ocupavam os degraus mais baixos: a liberdade de não ter de considerar as realizações de tantas pessoas na sociedade como pontos de referência – e por conseguinte se ver gravemente privado de status e importância.

7

Foi justamente um americano, William James, que, algumas décadas depois da viagem de Tocqueville pelos Estados Unidos, explorou sob um ângulo psicológico o problema criado pelas sociedades que geram expectativas ilimitadas em seus membros.

Para James, a satisfação para conosco não exige que sejamos bem-sucedidos em todas as áreas de empenho. Nem sempre somos humilhados por fracassar nas coisas; somos humilhados somente se primeiro investimos nosso orgulho e senso de valor em uma determinada meta e depois não a atingimos. Nossos objetivos determinam o que interpretaremos como um triunfo e o que deve contar como fracasso. James, professor de psicologia em Harvard, investira seu orgulho em ser um psicólogo proeminente. Portanto, se outros sabiam mais psicologia que ele, James sentia, como ele próprio admitiu, inveja e vergonha. Porém, porque ele nunca se impôs a tarefa de aprender grego antigo, se alguém pudesse traduzir todo o *Symposium* enquanto ele lutava com a primeira linha, não era uma questão que o preocupasse.

"Sem nenhum esforço não pode haver fracasso e sem fracasso não há humilhação. Assim, nossa autoestima neste mundo depende inteiramente do que nós pretendemos ser e fazer. Isso é determinado pela razão entre nossa realidade e nossas supostas potencialidades. Logo:

$$\text{Sucesso} = \frac{\text{Autoestima}}{\text{Pretensões''}}$$

A equação de James ilustra como todo aumento em nossos níveis de expectativa acarreta um aumento nos riscos da humilhação. O que entendemos como normal é essencial para determinar nossas chances de felicidade. Poucas coisas se comparam ao tormento do ator que foi famoso, do político em queda ou, como Tocqueville poderia ter assinalado, do americano malsucedido.

A equação também alude a duas manobras para levantar nossa autoestima. Por um lado, podemos tentar realizar mais; por outro, podemos reduzir o número de coisas que queremos realizar. James aponta para as vantagens da última abordagem:

"Desistir de pretensões é um alívio tão abençoado quanto ser recompensado por elas. Há uma estranha luz no coração quando a nulidade em uma determinada área é aceita de boa-fé. Como será agradável o dia em que vamos desistir de ser jovens ou esbeltos. 'Graças a Deus!', diremos, '*aquelas* ilusões passaram.' Tudo que se acrescenta ao ser é orgulho e fardo."

8

Infelizmente para nossa autoestima, as sociedades do Ocidente não são conhecidas por sua tendência à renúncia de pretensões, à aceitação da velhice ou da gordura, para não falar da pobreza e da obscuridade. Elas nos levam a investir em atividades e bens que nossos predecessores não teriam nem imaginado. De acordo com a equação de James, por aumentar muito nossas pretensões, essas sociedades transformam uma autoestima adequada em algo que é quase impossível de se conseguir.

Os riscos de ter expectativas não correspondidas só podem aumentar ainda mais com qualquer abalo na fé em outro mundo. Aqueles que podem acreditar que o que acontece na terra é um curto prelúdio a uma existência eterna compensarão qualquer tendência à inveja com a ideia de que o sucesso dos outros é um fenômeno momentâneo contra o pano de fundo da vida eterna.

Mas, quando uma crença em outro mundo é interpretada como infantil ou como um ópio cientificamente impossível, a pressão para ser bem-sucedido e se realizar inevitavelmente será inflamada pela consciência de que há somente uma única e assustadoramente breve oportunidade para fazê-lo. As realizações terrenas não podem mais ser vistas como uma introdução para o que venha a se realizar em outro mundo, elas são a soma total de tudo o que se fará.

Uma crença firme na infelicidade necessária da vida foi por séculos um dos valores mais importantes da humanidade, um baluarte contra a amargura, mas ela foi cruelmente abalada pelas expectativas incubadas pela visão moderna de mundo. Em *A cidade de Deus* (427 d.C.), Santo Agostinho descreveu consoladoramente a infelicidade como uma característica imutável da existência, parte "da desgraça da condição humana", e desdenhou "todas aquelas teorias pelas quais os homens esforçaram-se para criar prazer para si mesmos sem a infelicidade desta vida". Sob a influência de Agostinho, o poeta francês Eustache Deschamps (c. 1338-1410) escreveu que a vida na terra era um:

> Tempo de tristeza e de tentação,
> Uma era de lágrimas, de inveja e de tormento,
> Um tempo de languidez e de danação...

Quando soube que seu filho de um ano tinha morrido, Filipe, o Bom (1396-1467), duque de Burgundy, replicou, em um tom característico de muitas vozes no período pré-moderno: "Se Deus tivesse me concedido a permissão de morrer tão jovem, eu teria me considerado feliz".

9

Mas a era moderna não foi tão liberal – nem tão generosa – com seu pessimismo.

A partir do início do século XIX, as livrarias ocidentais inspiraram – e, sem querer, afligiram – seus leitores com autobiografias de heróis que se fizeram sozinhos e compêndios de conselhos dirigidos aos heróis que ainda estavam por se fazer, histórias morais de completa transformação pessoal, de rápida realização financeira e de grande felicidade.

A *Autobiography de Benjamin Franklin* (inacabada em razão de sua morte, em 1790) foi talvez a origem do gênero e contou como um jovem sem um tostão, um dos dezessete filhos de uma doceira de Boston, terminou – inteiramente por seus próprios méritos – acumulando fortuna e conquistando a amizade e o respeito das pessoas mais importantes da terra. A vida de autoaperfeiçoamento de Franklin e os analectos que dela ele extraiu ("Dormir cedo e acordar cedo fazem a saúde, a riqueza e a sabedoria de um homem","Sem dor não há recompensa") pertenciam a uma vasta literatura que tinha por objetivo edificar os leitores ocidentais do século XIX. A categoria incluía *Getting On in the World*, de William Mathews (1874), *On the Road to Riches*, de William Maher (1876), *The Secret of Success in Life*, de Edwin T. Freedley (1881), *How to Succeed*, de Lyman Abbott (1882), *The Law of Success*, de William Speer (1885) e *The Problem of Success for Young Men and How to Solve It*, de Samuel Fallows (1903).

A tendência não se enfraqueceu. "Agora mesmo você pode tomar uma decisão", explica Anthony Robbins (*Desperte o gigante interior*, 1991), "voltar a estudar, tornar-se um mestre no canto e na dança, assumir o controle de suas finanças, aprender a pilotar um helicóptero... Se você decidir de verdade, poderá fazer praticamente qualquer coisa. Assim, se você não gosta do relacionamento que está vivendo, tome a decisão de mudá-lo agora. Se não gosta de seu emprego atual, troque de emprego."

Robbins oferece sua própria história como evidência da possibilidade de mudança. Ele lutou em circunstâncias humildes e infelizes. Com vinte e poucos anos, trabalhou como zelador e morou em um apartamento pequeno e sujo; não tinha namorada, passava as noites em casa ouvindo Neil Diamond e estava dezesseis quilos acima do peso. Então, um dia, decidiu abruptamente revolucionar sua vida e descobriu um "poder" mental para ajudá-lo a fazer isso:

"Usei [esse poder] para reassumir o controle de meu bem-estar físico e livrar-me definitivamente dos dezesseis quilos de gordura. Através dele, atraí a mulher de meus sonhos, casei-me com ela e criei a família que desejava. Usei esse poder para mudar minha renda do nível de subsistência para mais de um milhão de dólares por ano. Saí do meu apartamento minúsculo (onde eu lavava a louça na banheira porque não tinha cozinha) para a casa onde moro com a minha família, o castelo Del Mar."

Não há motivo para não seguir seu exemplo, particularmente – observou Robbins – se vivemos em sociedades capitalistas e democráticas nas quais "todos temos a capacidade de realizar nossos sonhos".

Anthony Robbins, *Desperte o gigante interior*, edição original, 1991

10

O crescimento dos meios de comunicação em massa ajudou ainda mais a aumentar as expectativas. Alfred Harmsworth, fundador do *Daily Mail* britânico, explicou francamente no lançamento de seu jornal, em 1896, que seu leitor ideal era um homem comum que "valia cem libras por ano" e podia ser seduzido a sonhar ser "um homem de mil libras no futuro" – enquanto nos Estados Unidos o *Ladies' Home Journal* (lançado em 1883), a *Cosmopolitan* (1886), a *Munsey's* (1889) e a *Vogue* (1892) traziam uma vida cara ao alcance da imaginação de todos. Leitores da *Vogue* americana de *fin-de-siècle*, por exemplo, sabiam quem estava no *Nourmahal*, o iate de John Jacob Astor, depois da regata America's Cup, o que as garotas na moda estavam vestindo no internato, quem dava as melhores festas em Newport e Southampton e o que se serve com caviar no jantar (batatas e *sour cream*).

A oportunidade de estudar a vida das pessoas de status mais elevado e forjar uma conexão com elas também aumentou com o desenvolvimento do rádio, do cinema e da televisão. Na década de 1930, os americanos passavam, coletivamente, 150 milhões de horas por semana no cinema e quase um bilhão de horas ouvindo rádio. Em 1946, 0,02% dos lares americanos tinha aparelhos de televisão; em 2000, o número chegou a 98%.

A nova mídia criou anseios em sua audiência não só por causa de seu conteúdo, mas também pela publicidade que transmitia. A publicidade, que tinha começado de uma forma amadorística nos Estados Unidos na década de 1830, era, em 1900, um negócio que valia 500 milhões de dólares por ano. Naquele ano, um cartaz gigante da Coca-Cola foi colocado em um dos lados das cataratas do Niágara, enquanto um anúncio de Mennen's Toilet Powder foi suspenso sobre o desfiladeiro.

11

Quando os defensores de sociedades modernas procuraram se justificar com os céticos, sua tarefa não foi difícil: eles só tinham de assinalar a enorme riqueza que as sociedades modernas eram capazes de gerar para seus membros.

Em *Uma investigação sobre a natureza e causas da riqueza das nações* (1776), Adam Smith comparou sarcasticamente a produtividade espantosa das sociedades modernas com os parcos recursos disponíveis nas sociedades primitivas de caçadores e coletores. As primeiras sociedades estavam, segundo o relato de Smith, mergulhadas em uma pobreza terrível. As lavouras raramente produziam comida suficiente, havia uma escassez de bens básicos e, nas crises graves, as crianças, os mais velhos e os pobres eram abandonados "para que fossem devorados por feras selvagens". Mas, graças a seu modo inovador de produção, descrito por Smith como "a divisão do trabalho", as sociedades modernas podiam prover para todos os seus membros. Só os românticos e os ignorantes podiam desejar viver em outro lugar: "Um trabalhador, mesmo pertencendo à classe mais baixa e mais pobre, se tiver hábitos frugais e for industrioso, pode [na sociedade moderna] desfrutar de uma parcela maior das necessidades e conveniências da vida do que qualquer selvagem".

12

Mas, 22 anos depois, ouviu-se uma única voz, estridente, excêntrica mas perturbadoramente convincente, argumentando em favor de um caráter improvável: o selvagem. Seria possível, perguntou Jean-Jacques Rousseau em seu *Discurso sobre a origem e os fundamentos da desigualdade entre os homens* (1754), que o selvagem e não – como todos se acostumaram a pensar – o trabalhador moderno fosse o melhor entre os dois?

O argumento de Rousseau se sustentava a partir de uma tese sobre a riqueza: a riqueza não envolve ter muitas coisas. Ela envolve ter o que se anseia. A riqueza não é algo absoluto. É relativa ao desejo. Cada vez que queremos alguma coisa que não podemos pagar, nos tornamos mais pobres, quaisquer que sejam nossos recursos. E cada vez que nos satisfazemos com o que temos, podemos ser considerados ricos, embora pouco tenhamos na realidade.

Há duas maneiras de tornar as pessoas mais ricas, raciocinou Rousseau: dar a elas mais dinheiro ou restringir seus desejos. As sociedades modernas foram bem-sucedidas, e de forma espetacular, na primeira opção; mas, por inflamar continuamente os desejos, ao mesmo tempo ajudaram a negar uma parcela de suas realizações mais impressionantes. A maneira mais eficaz de se sentir rico pode não ser tentar ganhar mais dinheiro. Pode ser se distanciar – na prática e emocionalmente –, de todos os que consideramos nossos iguais, mas que se tornaram mais ricos do que nós. Em vez de tentarmos nos tornar um peixe maior, podemos concentrar nossas energias em reunir em volta de nós companheiros menores, perto dos quais nosso próprio tamanho não nos perturbará.

Como as sociedades avançadas nos fornecem rendas historicamente elevadas, elas parecem nos deixar mais ricos. Mas na verdade o efeito líquido dessas sociedades pode ser nos empobrecer porque, fomentando expectativas ilimitadas, elas mantêm aberto um abismo permanente entre o que queremos e o que podemos pagar, entre quem somos e quem poderíamos ser. Essas sociedades fazem com que nos sintamos mais desprovidos do que os selvagens primitivos que, acrescentou Rousseau (seu argumento chegando aos limites mais implausíveis), tinham certeza de que não careciam de nada no mundo se tivessem um teto sobre a sua cabeça, algumas maçãs e nozes para comer, e se pudessem passar as noites brincando com algum "instrumento musical tosco" ou "usando pedras de pontas afiadas para fazer uma canoa de pesca".

A comparação entre os níveis de felicidade do homem moderno e primitivo feita por Rousseau nos remete à ênfase que William James deu ao papel das expectativas na determinação dos níveis de felicidade. Podemos ser felizes com pouco quando passamos a esperar pouco. E podemos ser infelizes com muito quando aprendemos a esperar tudo.

Os selvagens nus de Rousseau tinham poucas posses. Mas, ao contrário de seus sucessores em seus Taj Mahals, eles pelo menos conseguiam se deleitar com a grande riqueza que provém de desejar muito pouco.

13

O preço que pagamos por esperarmos ser muito mais do que nossos ancestrais é uma angústia perpétua, pois estamos muito longe de ser tudo o que poderíamos ser.

IV. MERITOCRACIA

Três histórias antigas e úteis sobre o fracasso

1

Ocupar uma posição inferior na hierarquia social raramente é agradável do ponto de vista material, mas não é psicologicamente doloroso em todos os lugares nem em todas as épocas. O impacto da pobreza sobre a autoestima será decidido, em grande parte, pela forma como a pobreza é interpretada e considerada pela comunidade.

Embora o progresso material do Ocidente ao longo de dois mil anos seja incontestável, pode-se dizer que as explicações a respeito dos motivos que levam alguém a ser pobre e do valor que uma pessoa pode ter para a sociedade tornaram-se notavelmente mais punitivas e emocionalmente inconvenientes na era moderna. Essa evolução nos dá mais uma explicação para qualquer angústia relacionada com ter ou adquirir um status menos elevado.

2

A partir de aproximadamente 30 d.C., quando Jesus começou sua pregação, até a última metade do século XX, o homem com a posição mais baixa nas sociedades ocidentais tinha à mão três parábolas sobre sua importância que, desde que se acreditasse nelas, produziam um efeito profundamente consolador e redutor de angústia nas pessoas.

Uma representação das três Ordens da Sociedade, clero, nobreza e campesinato, da *Image du Monde*, Escola Francesa, século XIII

Primeira parábola

O pobre não é responsável por sua situação e é o mais útil na sociedade

Se alguém perguntasse a um membro de um país medieval ou pré-moderno ocidental por que a sociedade estava dividida entre ricos e pobres, nobres e camponeses, a pergunta provavelmente teria parecido estranha: Deus simplesmente quis essa divisão.

Mas junto com a crença inflexível em uma estrutura de três classes – campesinato, clero e nobreza – veio uma valorização extraordinariamente forte da forma como as diferentes classes dependiam umas das outras e, portanto, uma valorização extraordinariamente forte do valor da classe mais pobre. Uma teoria de dependência mútua sustentava que os camponeses não eram menos essenciais e não tinham menos valor do que os integrantes da nobreza ou do clero. A vida dos camponeses podia ser difícil (inalteravelmente difícil), mas sabia-se que sem eles as outras duas classes logo afundariam. Pode ter parecido mesquinho da parte de John de Salisbury comparar os pobres aos pés e os ricos à cabeça, mas essa metáfora, embora insultante, tinha o benefício de lembrar os ricos de tratarem os pobres com respeito se quisessem continuar vivos, assim como sabiam tratar seus pés com respeito a fim de caminhar.

A condescendência foi acompanhada de seu irmão gêmeo mais oportuno, o paternalismo. Se os pobres eram como crianças, então era tarefa dos ricos se comportarem como pais amorosos. A arte e a literatura medievais, assim, se encheram de elogios condescendentes e generosos do campesinato. Não passava despercebido que mesmo Jesus tinha sido carpinteiro.

Em seu *Colóquio* (c. 1015), Aelfric, o abade de Eynsham, afirmou que os membros mais importantes da sociedade eram os lavradores, porque, embora fosse possível sobreviver sem um nobre ou um clérigo, ninguém podia sobreviver sem comida e, portanto, sem os camponeses. Em 1036, o bispo Gerard de Cambrai pregou um sermão explicando que, embora o trabalho do lavrador fosse insípido e difícil, possibilitava todos os outros tipos de trabalho intelectualmente mais elevados. As pessoas de bem, portanto, tinham de honrar os camponeses. Hans Rosenplüt de Nuremberg foi um dos poetas, entre muitos, que se sentiu motivado a escrever elogios aos "nobres camponeses". Em seu poema "Der Bauern Lob" (c. 1450), ele entoou que, em toda a criação divina, ninguém era mais sublime que o camponês:

Para ele é um difícil
trabalho lavrar os campos
Com o que alimenta a todos;
lordes, cidadãos e artesãos.
Mas se não houvesse camponês,
nossa vida estaria em
uma situação deveras triste.

Um camponês ceifando os campos, retirado de um calendário saltério, Inglaterra, c. 1250-1275

Essas palavras podem não ter amaciado a terra na qual os camponeses tinham de empurrar seus arados, mas quando consideradas em conjunção com a atitude subjacente, devem ter ajudado a fomentar no camponês uma percepção agradável de sua própria dignidade.

Os Irmãos Limbourg, *Camponeses trabalhando em uma propriedade feudal*, 1400-1416

Segunda parábola

O status inferior não tem conotações morais

Havia outra parábola útil, derivada mais diretamente das Escrituras. De uma perspectiva cristã, nem a riqueza nem a pobreza eram um guia adequado para o valor moral. Jesus era o homem mais elevado, o mais abençoado, e ainda assim foi pobre na terra, o que exclui qualquer relação simples entre superioridade e situação terrena.

O cristianismo jamais se desgarrou de uma visão neutra do dinheiro, para vantagem dos pobres, pois, no esquema cristão, a origem de toda virtude estava no reconhecimento da dependência humana de Deus. Qualquer coisa que estimulasse a crença de que alguém podia levar uma vida satisfatória sem Sua graça era pecado, e assim o dinheiro era dúbio devido aos prazeres mundanos e à sensação de liberdade que oferecia.

Mas as necessidades a que os pobres estavam submetidos faziam com que se voltassem para Deus em busca de assistência. Nas histórias reconfortantes do Novo Testamento, os pobres testemunharam a incapacidade dos ricos de passar por buracos de agulha, ouviram que herdariam a terra e receberam a garantia de que estariam entre os primeiros a atravessar os portais do reino dos céus.

Terceira parábola

Os ricos são pecadores e corruptos
e devem sua riqueza ao que roubam dos pobres

Havia uma terceira parábola disponível para atenuar a desgraça dos que tinham uma posição social inferior. De acordo com essa narrativa, que assumiu maior influência aproximadamente entre 1754 e 1989, os pobres eram lembrados de que os ricos eram ladrões e corruptos e tinham alcançado seus privilégios por meio de pilhagem e fraude, em vez de virtude e talento. Além disso, os privilegiados tinham fraudado tanto a sociedade que os pobres não podiam esperar melhorar sua situação individualmente, por mais talentosos e dispostos que fossem. A única esperança para eles era o protesto social em massa – e a revolução.

Foi Jean-Jacques Rousseau que deu à parábola uma de suas interpretações mais realistas, afirmando que os poderosos, desde a aurora dos tempos, assumiram e mantiveram sua posição por meio do roubo: "A primeira pessoa que, tendo cercado um lote de terra, concebeu dizer *isto é meu* e encontrou gente simples o bastante para acreditar nele foi o verdadeiro fundador da sociedade civil. Quantos crimes, guerras, assassinatos, desgraças e horrores a raça humana teria evitado se alguém tivesse arrancado a cerca e gritado a seus companheiros: 'Não ouçam esse impostor. Vocês estarão perdidos quando se esquecerem de que os frutos da terra pertencem a todos e a terra a ninguém!'" (*Discurso sobre a origem e os fundamentos da desigualdade entre os homens*, 1754).

Cem anos depois, Karl Marx deu à parábola um novo impulso, colocando em uma base aparentemente científica o que, nas mãos de Rousseau, fora um clamor incipiente de protesto social. Havia, para Marx, uma dinâmica exploradora inerente ao sistema capitalista, porque todo empregador tentava contratar trabalhadores por uma quantia menor do que a que ganhava vendendo a produção dos empregados e embolsava a diferença como "lucro". Embora tal lucro fosse saudado na imprensa capitalista como a recompensa do empregador por "assumir riscos" e "empreender", Marx insistia que essas palavras eram meros eufemismos para o roubo.

Ele acusou a burguesia de ser a última encarnação de uma classe de senhores que dominava injustamente os pobres desde o início dos tempos. Embora a burguesia pudesse parecer humana, sua crueldade era subjacente à fachada civilizada. No *Capital*, Volume I (1887), Marx dirigiu-se à burguesia na voz do trabalhador: "Você pode ser um cidadão-modelo, talvez membro da Sociedade de Proteção aos Animais, e ainda por cima ter ares de santidade, mas é uma criatura sem coração". Uma prova dessa insensibilidade era encontrada em qualquer moinho, padaria, estaleiro, hotel ou repartição pública do século XIX. Os trabalhadores estavam doentes, morriam cedo de câncer e doenças respiratórias, seus empregos lhes negavam a oportunidade de uma vida familiar adequada, não lhes davam tempo para desenvolver uma compreensão intelectual de sua situação e os deixavam angustiados e inseguros: "Por toda a sua avareza, a produção capitalista é completamente perdulária com a mão de obra". Por esse motivo, Marx clamava à mão de obra que se rebelasse contra seus senhores e exigisse o que lhe era de direito. Como bradava o *Manifesto comunista* (1848): "Que as classes dominantes estremeçam com a revolução comunista. O proletariado não tem nada a perder, exceto seus grilhões, mas tem um mundo a conquistar. TRABALHADORES DO MUNDO, UNI-VOS!"

Pouco antes da publicação do *Manifesto*, Friedrich Engels, amigo de Marx, tinha viajado a Manchester e descreveu em primeira mão o sofrimento dos pobres nas novas cidades da Revolução Industrial. *A situação da classe trabalhadora na Inglaterra* (1845) compartilhava a visão de Marx de por que a sociedade era dividida em classes: os ricos eram ricos não porque eram mais inteligentes, mais vigorosos ou mais diligentes, mas porque eram astutos e perversos. E os pobres eram pobres não porque eram preguiçosos, bêbados ou estúpidos, mas porque tinham seus olhos vendados e sofriam maus-tratos por parte dos patrões. A burguesia retratada no relato de Engels levava o egoísmo a sérios extremos: "É somente o ganho do dinheiro que os move. Certa vez fui a Manchester com um burguês e falei-lhe dos métodos insalubres da construção civil, da situação assustadora dos bairros de trabalhadores e afirmei que nunca tinha visto uma cidade tão mal construída. O homem ouviu em silêncio até o fim e depois disse, ao chegarmos à esquina onde nos despedimos: 'E ainda assim se ganha muito dinheiro aqui. Tenha um bom dia, senhor'. É absolutamente indiferente ao burguês inglês se os trabalhadores passam fome ou não, desde que ele ganhe dinheiro. Todas as condições de vida são medidas pelo dinheiro, e o que não traz dinheiro é uma tolice absurda, idealista e impraticável".

A vida podia não ser agradável nos cortiços de Manchester na década de 1840, mas ouvir que o principal motivo para uma pessoa estar ali era a monstruosidade dos empregadores e a corrupção endêmica do sistema econômico (contra a qual era inútil o pobre sequer tentar agir sozinho) teria oferecido uma sensação de superioridade moral e desestimulado quaisquer tendências a sentir vergonha dessa situação lamentável.

3

De formas diferentes, essas três parábolas oferecem consolo para os que tinham status pouco elevado entre 30 d.C. e 1989. É claro que não eram as únicas parábolas em circulação, mas têm poder e foram amplamente divulgadas. Elas orientavam os menos afortunados para três ideias constantes: de que eles eram os verdadeiros criadores de riqueza na sociedade e, consequentemente, eram dignos de respeito; de que o status terreno não tinha valor moral aos olhos de Deus; e de que os ricos não eram, de qualquer modo, dignos de honra, porque eram inescrupulosos e seu destino era encontrar um fim horrível em um cenário de revoluções proletárias iminentes e justas.

Três novas parábolas sobre o sucesso que geram angústia

1

Infelizmente, três outras parábolas mais inquietantes começaram a tomar forma em meados do século XVIII e ganharam cada vez mais influência, desafiando as parábolas anteriores na opinião pública.

A ascensão destas três parábolas pode ter sido acompanhada por progressos materiais na sociedade, mas, em um nível psicológico, a contribuição que deram foi tornar o status pouco elevado a coisa mais preocupante e difícil de suportar.

Primeira parábola

Os ricos é que são úteis, não os pobres

Escrevendo em aproximadamente 1015, Aelfric, o abade de Eynsham, destacou que a riqueza era criada quase exclusivamente pelos pobres, que acordavam antes do amanhecer, aravam os campos e colhiam as safras. A natureza essencial do trabalho deles lhes deu o direito à honra de todos os superiores na hierarquia. O abade não foi o único a dar crédito aos trabalhadores comuns. Por séculos, a ortodoxia econômica declarava que as classes geradoras de riqueza na sociedade eram as trabalhadoras. Os ricos simplesmente dissipavam recursos com sua preferência por extravagâncias e luxos.

Essa análise sobre de quem é o mérito pela criação da riqueza nacional sobreviveu quase incólume até a primavera de 1723, quando o médico londrino Bernard Mandeville publicou um tratado econômico em verso, *The Fable of the Bees*, que ajudou a alterar irrevogavelmente a forma como ricos e pobres eram vistos. Mandeville propôs, contrariando séculos de pensamento econômico, que os ricos é que eram úteis, porque seus gastos proporcionavam emprego para todos abaixo deles e, assim, ajudavam na sobrevivência dos mais fracos da sociedade. Sem os ricos, restaria aos pobres logo descansar em seus túmulos. Mandeville não queria sugerir que os ricos eram *mais legais* que os pobres, na verdade ele assinalou como os ricos costumavam ser fúteis, cruéis e volúveis. Seus desejos não conheciam limites, ansiavam por aprovação e não entendiam que a felicidade não advinha da aquisição material. No entanto, a busca e a conquista de riqueza eram infinitamente mais úteis à sociedade do que o trabalho paciente e pouco recompensador dos trabalhadores. Ao julgar o valor das pessoas, era preciso ver não suas almas (como os moralistas cristãos inclinavam-se a fazer), mas o efeito que exerciam sobre os outros. Avaliados por esse novo critério, não podia haver dúvidas de que aqueles que acumulavam dinheiro (no comércio, na indústria ou na agricultura) e gastavam muito (em luxos absurdos; construindo armazéns ou casas de campo desnecessários) geravam mais benefícios que os pobres. Como coloca o subtítulo da obra de Mandeville, eram "Vícios privados, benefícios públicos". "São o cortesão sensual que não tem limites para a luxúria, a meretriz caprichosa que inventa novas modas a cada semana, o libertino esbanjador e o herdeiro pródigo [que mais efetivamente ajudam os pobres]. Aquele que dá mais aborrecimentos a milhares de vizinhos e inventa os produtos mais inúteis é, certo ou errado, o melhor amigo da sociedade. Negociantes de tecidos, tapeceiros, alfaiates e muitos outros passariam fome num intervalo de meio ano se o *orgulho* e a *luxúria* fossem banidos da nação a um só tempo."

A tese de Mandeville chocou o público no início (como ele pretendia). Mas passou a convencer quase todos os grandes economistas e pensadores políticos a partir do século XVIII. Em seu ensaio "Of Luxury" (1752), Hume repetiu o argumento de Mandeville, favorável aos ricos e aos gastos em bens supérfluos, dizendo que era isso, e não o trabalho dos pobres, que criava riqueza: "Em uma nação onde não existe demanda por supérfluos, os homens afundam na indolência, perdem todo o prazer na vida e são inúteis para o poder público, que não é capaz de sustentar suas frotas e exércitos".

Vinte e quatro anos depois, Adam Smith, conterrâneo de Hume, aprofundou a teoria ainda mais em *A riqueza das nações* (1776), talvez a defesa mais enganadora que já se escreveu sobre a utilidade dos ricos. Smith começou admitindo que grandes somas de dinheiro nem sempre traziam felicidade: "A riqueza deixa o homem tão ou mais exposto ao desejo, ao medo e à aflição quanto antes". Ele comentou sarcasticamente sobre os que eram tolos o bastante para dedicar toda uma vida a perseguir "quinquilharias e bugigangas". Mas ao mesmo tempo expressou uma imensa gratidão pelo fato de tais criaturas existirem. Toda a civilização e o bem-estar de todas as sociedades dependiam do desejo e da capacidade das pessoas de acumular capital desnecessário e de exibir sua riqueza. Foi isso "que impeliu o homem a cultivar o solo, a construir casas, a fundar cidades e comunidades e a inventar todas as ciências e artes que enobrecem e embelezam a vida humana; que mudou inteiramente toda a face do planeta, transformou florestas agrestes em planícies aprazíveis e férteis, e fez dos oceanos ínvios e estéreis um novo meio de subsistência".

Nas teorias econômicas anteriores, os ricos eram condenados por tomar para si uma parcela grande demais do que se pensava ser uma reserva finita de riqueza nacional. Smith reconhecia que essas teorias tentavam ver um homem de "imensas posses" como uma "peste para a sociedade, um monstro, um peixe grande que devorava todos os menores". Mas essas teorias não levavam em consideração o fato de que não havia uma reserva finita de riqueza, a reserva sempre podia ser ampliada pelos esforços e ambições de empreendedores e comerciantes. O peixe grande, longe de devorar os menores, na prática os ajudava, gastando dinheiro e proporcionando-lhes emprego. O peixe grande podia ser arrogante e vulgar, mas seus defeitos, através das operações do mercado, eram transformados em virtudes – como explicou Smith na passagem possivelmente mais famosa da literatura econômica capitalista: "Apesar de seu egoísmo e sua voracidade naturais, embora tenham em mente apenas sua própria conveniência, embora o único objetivo do trabalho de todos os milhares que empregam seja a satisfação de seus próprios desejos fúteis e insaciáveis, os ricos dividem com os pobres o produto de todos os seus empreendimentos. São levados por uma mão invisível a fazer quase a mesma distribuição das necessidades da vida que teriam sido feitas se a terra tivesse sido dividida em porções iguais entre todos os seus habitantes e assim, sem pretendê-lo, sem sabê-lo, eles promovem o interesse da sociedade e proporcionam os meios para a multiplicação da espécie".

Em sociedades em que as pessoas ricas tinham oportunidades suficientes para comercializar e desenvolver a indústria, "é tão grande a quantidade de tudo que é produzido", escreveu Smith, "que há o bastante tanto para satisfazer as profusões indolentes e opressivas dos grandes quanto para suprir abundantemente os desejos do artesão e do camponês".

Eis uma parábola inesperadamente deliciosa para os que vivem em melhor situação. Depois de terem sido os vilões da teoria econômica desde os primeiros dias do cristianismo, agora se viam descritos como heróis. Eram os ricos que mereciam a honra de ajudar todas as classes sociais abaixo deles. Eram eles que davam casa aos pobres e alimentavam os necessitados, e eram eles que proviam aos peixinhos que nadavam em seu rastro. Além disso, faziam isso mesmo sendo pessoalmente desagradáveis; quanto mais gananciosos, melhor.

A parábola era menos lisonjeira para os pobres; enquanto os ricos eram os criadores da prosperidade nacional, os pobres dividiam um papel funcional e submisso e podiam até mesmo ser acusados de drenar os recursos com sua população excessiva e sua dependência da previdência e da caridade. Já sobrecarregados pela privação material, a nova história econômica aumentava o peso sobre eles, que passaram a sofrer uma condenação implícita por parte de muitos dos que pertenciam às classes que viviam confortavelmente. Agora parecia bem menos adequado os poetas dedicarem seus versos à nobreza do lavrador.

Segunda parábola

O status de uma pessoa tem conotações morais

A afirmação de que o status de uma pessoa não tinha conotações morais era central no pensamento tradicional cristão. Jesus tinha sido um homem superior, mas fora carpinteiro. Pilatos tinha sido um importante funcionário imperial, mas era um pecador. Não tem sentido, portanto, acreditar que o lugar de uma pessoa na hierarquia social reflete as qualidades reais. Pode-se ser inteligente, gentil, habilidoso, rápido e criativo e ficar varrendo o chão. E pode-se ser fraco, degenerado, *fin de race*, sádico e tolo e governar a nação.

A afirmação de que havia uma diferença entre classe e valor era difícil de contestar quando, por séculos, os cargos eram distribuídos de acordo com a linhagem e com as relações familiares e não de acordo com o talento. Como resultado, as sociedades ocidentais estavam cheias de reis que não sabiam governar, nobres que não sabiam administrar propriedades, comandantes que não entendiam os princípios da batalha, camponeses que eram mais brilhantes que seus senhores e criadas que sabiam mais que as amas.

A situação continuou inalterada até meados do século XVIII, quando as primeiras vozes começaram a questionar o princípio da hereditariedade. Seria realmente sensato transmitir um negócio a um filho, independentemente de sua inteligência? Seriam os filhos da realeza sempre os mais adequados para governar países? Para destacar as besteiras produzidas pelo princípio de hereditariedade, foram feitas comparações com uma área da vida na qual um sistema meritocrático há muito era arraigado e aceito até por defensores ferrenhos do privilégio hereditário: o mundo literário. No momento de escolher um livro, o que importava era se ele era bom e não se os pais do autor tinham sido literatos ou ricos. Um pai talentoso não garantia o sucesso, nem o pai ignorante garantia o fracasso. Por que, então, não usar esse método de avaliação nas nomeações da vida econômica ou política?

"Eu rio sozinho quando contemplo a insignificância ridícula em que afundariam a literatura e todas as ciências se elas fossem hereditárias", comentou Thomas Paine em *The Rights of Man* (1791), "e tenho a mesma ideia em relação aos governos. Um governante hereditário é tão incoerente quanto um autor hereditário. Não sei se Homero ou Euclides tiveram filhos; mas me aventurarei em opinar que, se tivessem e deixassem suas obras inacabadas, os filhos não as teriam concluído."

Napoleão compartilhava a posição de Paine e, no início de seu governo, foi o primeiro líder ocidental a começar abertamente a instituir o que ele denominou um sistema de "*carrières ouvertes aux talents*", "carreiras abertas ao talento". "Fiz a maioria de meus generais *de la boue*", assinalou ele com orgulho, em Santa Helena, no fim da vida. "Quando encontrava talento, eu o recompensava." Havia motivos para se orgulhar. A França napoleônica testemunhou a abolição dos privilégios feudais e a instituição da Legião de Honra, o primeiro título aberto a pessoas de todas as classes sociais. O sistema educacional foi reformado: *lycées* foram abertos para todos, e uma escola politécnica, inaugurada em 1794, oferecia subsídios estatais generosos para alunos pobres (nos primeiros anos da politécnica, metade dos alunos era de filhos de camponeses e artesãos). Muitos dos mais importantes funcionários de Napoleão tiveram uma formação modesta: seus representantes no Ministério do Interior, seus conselheiros científicos e senadores. Nas palavras de Napoleão, os nobres por hereditariedade eram "a maldição da nação, jumentos e imbecis hereditários!".

Mesmo depois de sua queda, as ideias de Napoleão duraram e conquistaram mentes influentes na Europa e nos Estados Unidos. Ralph Waldo Emerson desejava ver "cada homem colocado no lugar certo, com tanto poder confiado a ele quanto possa suportar e usar". Thomas Carlyle expressou indignação com a maneira como os filhos dos ricos esbanjavam dinheiro, enquanto aos filhos dos pobres era negado o acesso à educação: "O que devemos dizer da Aristocracia Ociosa, os proprietários do solo da Inglaterra; cuja função aceita é a de consumir os aluguéis com elegância e atirar nas perdizes da Inglaterra?". Ele atacava os que nunca faziam nada, não beneficiavam ninguém, não tinham que provar seu valor em campo algum e recebiam privilégios de bandeja. Carlyle imaginou o típico aristocrata inglês: "Abrigado no luxo, protegido de todo trabalho, da carência, do perigo, das dificuldades. Ele se senta tranquilo, entre utensílios domésticos, e seu trabalho é feito por outras pessoas. E um homem desses chama a si mesmo de *nobre*? Foram os pais que trabalharam por ele, diz; ou foram bem-sucedidos ao se arriscar por ele. É a lei da terra, e pensa-se ser lei do Universo, que esse homem não deva ter nenhuma tarefa exceto a de comer víveres cozidos e não se atirar pela janela!".

Como muitos reformistas do século XIX, o que Carlyle queria não era um mundo em que todos fossem financeiramente iguais, mas um mundo em que tanto a elite como os pobres merecessem as desigualdades. "A Europa requer uma aristocracia real", escreveu ele, "só que deve ser uma aristocracia do talento. As falsas aristocracias são intoleráveis." O que Carlyle queria – embora a palavra ainda não tivesse sido cunhada – era uma meritocracia.

A nova ideologia da meritocracia competia com duas concepções alternativas de organização social: o princípio igualitário, com o apelo por igualdade total na distribuição de bens entre os seres humanos; e o princípio hereditário, com sua crença em que títulos e cargos deviam ser automaticamente transferidos aos filhos dos ricos. Como os aristocratas de antigamente, os meritocratas estavam preparados para aceitar uma grande parcela de desigualdade, mas, tal como os igualitários radicais, queriam um período inicial de completa igualdade de oportunidades. Se todos tivessem a mesma educação e as mesmas oportunidades de acesso às carreiras, as diferenças de renda e prestígio seriam justificadas pelo talento e pelos pontos fracos dos indivíduos; consequentemente, não haveria necessidade de igualar as rendas. Os privilégios – bem como as dificuldades – adviriam por mérito.

As legislações sociais dos séculos XIX e XX viram o triunfo do princípio meritocrático. Oportunidades iguais, com diligência variada e com diferentes graus de sinceridade, foram promovidas pelos governos de todos os países ocidentais. Passou-se a se aceitar de modo geral que um ensino médio decente e, em muitos casos, uma educação universitária deviam se tornar disponíveis a todos os cidadãos, independentemente da renda. Os Estados Unidos abriram caminho em 1824 com a inauguração da primeira escola de ensino médio verdadeiramente pública. Na época da Guerra Civil, havia trezentas escolas; em 1890, eram 2.500. Na década de 1920, foi a vez da educação universitária passar por uma reforma de acordo com as linhas meritocráticas, com o desenvolvimento do sistema SAT (Teste de Avaliação Escolar). Seus criadores, o reitor da Universidade de Harvard, James Conant, e o chefe do Serviço de Avaliação Educacional do governo, Henry Chauncey, tinham o objetivo de desenvolver um teste meritocrático cientificamente comprovado, que avaliasse a inteligência de todos os estudantes com justiça e imparcialidade, terminando com o viés da velha escola, o racismo e o esnobismo na admissão às universidades. Em vez de serem avaliados com base em quem eram seus pais ou como se vestiam, os alunos americanos seriam agora classificados de acordo com o seu valor real – o que, segundo a compreensão que Conant e Chauncey tinham do termo, significava capacidade para resolver problemas como este:

> Escolha o antônimo entre estas quatro palavras
> **obstinado** **espúrio** **maleável** **oculto**

E:

> Diga que palavra, se ambas ou nenhuma, tem o mesmo significado da primeira:
> **intrépido** **denodado** **inane**
> **nominal** **exorbitante** **didático**

Quem se saía bem nesses desafios mereceria ter sucesso, uma subsequente carteira de sócio no *country club* e um emprego numa firma de Wall Street. Nas palavras de Conant, o SAT era: "Um novo tipo de instrumento social cujo uso adequado pode ser o meio de salvar os desprovidos de classe da nação (...) um meio de recuperar a flexibilidade social, um meio de se aproximar mais do ideal americano."

É claro que esse ideal americano não envolvia a igualdade, apenas um período inicial de oportunidades semelhantes estritamente controlado. Se todos tivessem a mesma chance de ir para a escola, ingressar na universidade e encontrar o antônimo entre uma lista de palavras, então haveria justiça em qualquer aristocracia que viesse a surgir entre os americanos a partir daí.

Em 1948, o ano da publicação da Declaração Universal dos Direitos Humanos, sua 26ª cláusula tinha se tornado, pelo menos em muitas partes da Europa e dos Estados Unidos, mais ou menos uma realidade: "Todos têm direito à educação. A educação deve ser gratuita, pelo menos nos níveis elementar e fundamental. A educação elementar deve ser compulsória. A educação técnica e profissionalizante deve estar disponível para todos, e a educação superior deve ser igualmente acessível a todos com base no mérito".

Junto com essas reformas educacionais veio a legislação que promovia oportunidades iguais no local de trabalho. Na Grã-Bretanha, a medida meritocrática mais marcante foi a abertura do serviço público a exames competitivos em 1870. Por séculos, o serviço público tinha sido lar dos parentes de aristocratas, sem dinheiro e estúpidos, com alguns resultados catastróficos para o império. Em meados do século XIX, o custo de empregar esses tolos caçadores de perdizes cheios de boas maneiras tinha aumentado tanto que dois funcionários do governo, Sir Stafford Northcote e Sir Charles Trevelyan, foram solicitados a considerar um sistema de recrutamento alternativo. Tendo estudado o serviço público por alguns meses, Trevelyan explicou, em uma carta publicada no *The Times*: "Não resta dúvida de que a alta aristocracia acostumou-se a usar o serviço público como um meio de sustentar o refugo de suas famílias – como um tipo de hospital de enjeitados no qual os que não tinham energia para fazer carreira em outras profissões podiam receber um cargo nominal vitalício às custas dos cofres públicos".

Setenta anos depois, em *The Lion and the Unicorn* (1941), George Orwell ainda estava protestando contra os males do nepotismo. A Grã-Bretanha precisava de uma revolução, disse ele, mas uma revolução sem "bandeiras vermelhas e combates na rua"; em vez disso, tinha de envolver "uma mudança fundamental no poder" orientada para os que o mereciam: "O que se quer é uma revolta aberta e consciente feita pelo povo comum contra a ineficiência, o privilégio de classe e o poder da antiguidade. Em toda a vida nacional tivemos de lutar contra o privilégio, contra a ideia de que um aluno meio lento da rede pública está mais apto a comandar do que um operário inteligente. Embora haja *indivíduos* talentosos e honestos entre eles, temos de romper com o domínio da classe endinheirada como um todo. A Inglaterra tem de assumir sua verdadeira forma."

Em todo o mundo desenvolvido, substituir o idiota pelo meritório tornou-se a principal ambição por trás da reforma no emprego. Nos Estados Unidos, a igualdade de oportunidades foi almejada com particular intensidade. Em março de 1961, menos de dois meses depois de assumir o cargo, o presidente John F. Kennedy criou um Comitê para Oportunidades Iguais, encarregado de dar um fim a todas as formas de discriminação no emprego em departamentos do governo e empresas privadas. Seguiu-se um jorro de leis: a Lei do Pagamento Igual (1963), a Lei dos Direitos Civis (1964), a Lei de Oportunidades Iguais no Emprego (1964), a Lei dos Idosos (1965), a Lei de Discriminação por Idade no Emprego (1967), a Lei de Oportunidades Iguais no Crédito (1976) e a Lei dos Americanos com Incapacidade Física (1990). Com tal legislação em vigor, qualquer que fosse a idade, cor ou sexo, era plausível acreditar que se teria garantida uma oportunidade justa ao sucesso.

Embora o progresso em direção a um sistema totalmente meritocrático possa ter sido lento, às vezes acidental e até então incompleto, desde meados do século XIX, especialmente nos Estados Unidos e na Grã-Bretanha, ele começou a influenciar o modo como o público via as virtudes relativas dos pobres e dos ricos. Se empregos e recompensas estavam sendo distribuídos depois de uma entrevista e de um exame imparcial, então não era mais possível afirmar que a situação terrena era completamente distinta das qualidade pessoais, como muitos pensadores cristãos tinham proposto, ou afirmar que os ricos e poderosos deviam necessariamente conseguir seus cargos por meios corruptos, como sugeriram Rousseau e Marx. Depois que os caçadores de perdizes foram ejetados do serviço público e substituídos por descendentes inteligentes das classes trabalhadoras, depois que os exames SAT tiraram das melhores universidades os filhos e filhas ignorantes dos plutocratas da Costa Leste e as encheram com os filhos esforçados de lojistas, ficou mais difícil argumentar que o status era conquistado inteiramente como resultado de um sistema fraudulento.

Por sua vez, uma crença cada vez maior em uma relação confiável entre mérito e posição no mundo dotou o dinheiro de uma nova qualidade moral. Quando a riqueza era transmitida pelas gerações de acordo com a linhagem e as relações familiares, era natural desprezar a ideia de que o dinheiro era um indicador de alguma virtude além da de ter nascido com os pais certos. Mas, em um mundo meritocrata, em que o prestígio e os empregos bem pagos podem ser garantidos somente com base na inteligência e na capacidade de uma pessoa, parece que a riqueza pode ser um sinal claro de caráter. Os ricos não são somente os que têm mais dinheiro; eles podem também ser realmente os *melhores*.

Durante todo o século XIX, muitos pensadores cristãos, especialmente nos Estados Unidos, mudaram de opinião com relação ao dinheiro. As congregações protestantes americanas sugeriam que Deus requeria que seus seguidores levassem uma vida que fosse bem-sucedida tanto material quanto espiritualmente; a riqueza neste mundo era uma prova de que se merecia um lugar bom no outro mundo – uma atitude refletida no best-seller do reverendo Thomas P. Hunt, de 1836, *The Book of Wealth: In Which it is Proved from the Bible that is the Duty of Every Man to Become Rich.* A riqueza passou a ser descrita como uma recompensa de Deus para a santidade. John D. Rockefeller teve o descaramento de declarar que o Senhor é que o havia tornado rico, enquanto William Lawrence, o bispo da igreja episcopal de Massachusetts, escrevendo em 1892, afirmou: "A longo prazo, a riqueza só vem para o homem de moral. Nós, como o salmista, ocasionalmente vemos o perverso prosperar, mas só ocasionalmente. Que a graça esteja com os ricos".

Graças ao ideal meritocrático, multidões tinham oportunidades garantidas de se realizar. Indivíduos talentosos e inteligentes, que por séculos se sujeitaram a uma hierarquia de castas imóvel, agora eram livres para expressar seus talentos em um terreno mais ou menos nivelado. A formação familiar, o gênero, a raça ou a idade não eram mais um obstáculo intransponível ao progresso. Finalmente a justiça passou a desempenhar um papel na distribuição das recompensas.

Mas havia, inevitavelmente, um lado mais sombrio dessa história para aqueles de status pouco elevado. Se o bem-sucedido merecia o sucesso, seguia-se necessariamente que os fracassados tinham de merecer o fracasso. Em uma era meritocrática, a justiça parecia entrar tanto na distribuição da pobreza quanto da riqueza. O status pouco elevado passou a parecer não apenas lamentável, mas também merecido.

Ser financeiramente bem-sucedido em uma meritocracia econômica, sem herança ou vantagens, dava aos indivíduos um elemento de validação pessoal que o nobre de antigamente, que recebia o dinheiro e o castelo do pai, nunca foi capaz de ter. Mas, ao mesmo tempo, o fracasso financeiro começou a ser associado com um sentimento de vergonha que, felizmente, o camponês do passado não tinha, apesar de todas as oportunidades na vida lhe serem negadas.

Para o malsucedido ficou mais difícil e doloroso responder (a si mesmo e aos outros) por que alguém continuava pobre mesmo sendo bom, inteligente ou capaz nessa nova era meritocrática.

Terceira parábola
Os pobres são pecadores e corruptos e devem sua pobreza à sua estupidez

Não faltou quem estivesse disposto a responder a essa pergunta em nome dos pobres durante os séculos XIX e XX. Para um certo eleitorado que fazia muito alarde, estava claro (e havia provas científicas) que os pobres deviam sua situação à sua própria estupidez e degeneração.

Com a ascensão de uma meritocracia econômica, os pobres deixaram de ser descritos, em alguns setores, como "necessitados", alvo da caridade e da culpa dos ricos, e passaram a ser descritos como "fracassados", alvo justo de desprezo aos olhos de indivíduos fortes que se fizeram sozinhos, que não eram inclinados a sentir vergonha de suas mansões nem choravam lágrimas de crocodilo por aqueles de cuja companhia eles escaparam.

Não poderia existir expressão mais poderosa da ideia de que havia justiça satisfatória por trás da distribuição de riqueza e pobreza do que a filosofia do darwinismo social, que surgiu no século XIX. Os darwinistas sociais propunham que todos os seres humanos começam encarando uma luta justa por recursos escassos: dinheiro, empregos, estima. Alguns ganham essa disputa, não por vantagens impróprias ou por sorte, mas porque são intrinsecamente melhores do que os que foram superados. Os ricos não são melhores de um ponto de vista moral. Eles são, de uma forma intimidadora, naturalmente melhores. São mais potentes, sua semente é mais forte, sua mente é mais sagaz, são os tigres da selva humana predestinados pela biologia – um novo conceito deiforme diante do qual o século XIX se ajoelhou – para triunfar sobre os outros. A biologia queria que os ricos fossem ricos e os pobres fossem pobres.

Além disso, os darwinistas sociais insistiam em que os sofrimentos e as mortes prematuras dos pobres eram benéficos à sociedade e, portanto, não deviam ser evitados por interferência governamental. Os fracos eram um erro natural, e tinha-se de permitir que perecessem antes que pudessem se reproduzir, contaminando o resto da população. Assim como o reino animal lançava sua parcela de criaturas malformadas, o mesmo acontecia com o mundo humano. O mais generoso a se fazer era deixar que os oprimidos morressem sem caridade.

Em *Social Statics* (1851), o darwinista social inglês Herbert Spencer afirmou que a própria biologia discordava do conceito da caridade: "Parece difícil admitir que viúvas e órfãos sejam abandonados para que lutem pela vida ou a morte. Todavia, quando os consideramos não separadamente, mas em conjunção com os interesses da humanidade como um todo, essas fatalidades escabrosas são cheias de beneficência – a mesma beneficência que leva a túmulos prematuros os filhos de pais enfermos (...). Sob a ordem natural das coisas, a sociedade está constantemente excretando seus membros doentes, imbecis, lentos, vacilantes e incrédulos. Se são suficientemente completos para viver, eles vivem, e é bom que devam viver. Se não são suficientemente completos para viver, eles morrem, e é melhor que morram."

As doutrinas de Spencer encontraram um público receptivo entre os plutocratas que dominavam as empresas e a mídia americanas. O darwinismo social lhes proporcionava um argumento científico aparentemente inabalável para refutar o que muitos deles já receavam e que os prejudicava em nível econômico: os sindicatos, o marxismo e o socialismo. Em uma turnê triunfante pela América em 1882, Spencer discursou em reuniões de líderes de negócios, elogiando-os por compará-los com os animais alfa da selva humana e poupando-os de qualquer necessidade de fazer caridade ou da culpa em relação a seus irmãos mais fracos.

Até muitos que não adotaram diretamente essa perspectiva compartilhavam um de seus principais pressupostos: era desnecessário e possivelmente errado oferecer auxílio previdenciário aos pobres. Se todos tinham o poder de se tornarem bem-sucedidos por esforço próprio, então a ação política de assistência às classes mais baixas somente recompensava o fracasso.

Em *Self-help* (1859), o médico escocês Samuel Smiles, depois de estimular jovens desprovidos a estabelecerem metas elevadas para si mesmos, educarem-se e gastarem dinheiro com moderação, censurou qualquer governo que pudesse ajudá-los em seu caminho: "Qualquer coisa feita para os homens os afasta do estímulo e da necessidade de fazer as coisas por si mesmos. O valor da legislação como agente no progresso humano tem sido superestimado. Nenhuma lei, embora rigorosa, pode tornar o preguiçoso industrioso, o perdulário previdente ou o bêbado sóbrio".

O magnata escocês-americano Andrew Carnegie, apesar de sua filantropia, no fundo alimentava uma visão igualmente pessimista dos usos da previdência social: "De mil dólares gastos na chamada caridade, 950 teriam sido mais úteis se lançados ao mar", assinalou ele em sua *Authobiography* (1920). "Cada vagabundo bêbado ou preguiçoso sustentado por esmolas é uma fonte de contágio moral para um bairro. De nada ajudará ensinar ao

Andrew Carnegie, industrial que subiu na vida sozinho, o homem mais rico do mundo, 1835-1919

homem industrioso, que trabalha muito, que há um caminho mais fácil pelo qual seus desejos podem ser supridos. Quanto menos emoção, melhor. Nem o indivíduo nem a raça são melhoradas por donativos. Aqueles que merecem assistência, exceto em raros casos, dificilmente a solicitam. Os homens realmente valiosos da raça nunca o fazem."

No clima sombrio que se desenvolveu nos cantos férteis das sociedades meritocráticas, passou a ser possível afirmar que a hierarquia social refletia rigorosamente as qualidades dos membros sobre cada degrau da escada. Desse modo, as condições já estavam estabelecidas para os bons serem bem-sucedidos e os preguiçosos tropeçarem – atenuando a necessidade de caridade, previdência social, medidas de redistribuição ou simples compaixão.

2

Michael Young, *The Rise of the Meritocracy* (Londres, 1958):

"Hoje todas as pessoas, apesar de humildes, sabem que tiveram todas as oportunidades (...). Se foram rotuladas repetidamente de 'burras', elas não podem mais fingir (...). Será que não se sentem obrigadas a reconhecer que têm status inferior, não como no passado, porque lhes negaram as oportunidades, mas porque são inferiores?"

3

Para piorar a situação dos pobres, o sistema meritocrático acrescentou então o insulto da vergonha.

V. DEPENDÊNCIA

Fatores de dependência

1

Nas sociedades tradicionais, um status elevado pode ter sido extraordinariamente difícil de adquirir, mas era também agradavelmente difícil de perder. Era tão complicado deixar de ser nobre quanto, de forma mais sombria, deixar de ser trabalhador. O que importava era a identidade da pessoa ao nascer, em vez de qualquer coisa que possa ter realizado na vida pelo exercício de suas aptidões. Importava quem era a pessoa, raramente o que a pessoa fazia.

A grande ambição das sociedades modernas foi instituir o inverso dessa equação, livrar-se tanto do privilégio quanto das restrições herdadas, a fim de tornar a posição social dependente da realização individual – o que significava principalmente realização financeira. O status hoje em dia raras vezes depende de uma identidade inalterável transmitida de geração a geração; ele se apoia no desempenho da pessoa dentro de uma economia que se movimenta de modo rápido e implacável.

Devido à natureza dessa economia, a característica mais evidente da luta por status é a incerteza. Contemplamos o futuro sabendo que podemos ser frustrados por colegas ou concorrentes, podemos descobrir que carecemos dos talentos para satisfazer nossas metas ou podemos tomar o rumo de uma corrente desfavorável nas ondas do mercado – qualquer fracasso é composto pelo possível sucesso dos colegas.

O desejo é o servo da ambição contemporânea, porque a subsistência e a estima dependem de pelo menos cinco elementos imprevisíveis, cinco motivos para não contar com qualquer sucesso na conquista ou manutenção de uma posição desejada na hierarquia social.

A. Dependência de talentos inconstantes

Se nosso status depende de nossas realizações, então o que geralmente é necessário para ser bem-sucedido é o talento e – quando a paz de espírito é uma prioridade – um controle confiável sobre ele. Mas na maioria das atividades é impossível dirigir o talento a nosso bel-prazer. Ele pode aparecer por algum tempo e depois sumir sem nenhuma justificativa, deixando carreiras em frangalhos. Não podemos apelar ao que há de melhor em nós mesmos para tomar a dianteira à vontade. Tão longe estamos de possuir o talento que exibimos ocasionalmente, que muitas de nossas realizações parecem presentes de uma força externa, de cuja chegada ou desaparecimento erráticos dependem o curso de nossas vidas e a capacidade de pagar pelos objetos que nos cercam.

Foram os gregos antigos que descobriram a imagem mais perspicaz para evocar nosso relacionamento aflitivamente inconstante com o talento na ideia de uma musa. De acordo com a mitologia grega, existiam nove musas, e cada uma delas controlava e outorgava intermitentemente um determinado dom. Havia musas para a poesia épica, história, poesia romântica, música, tragédia, odes, dança, comédia e astronomia. Os vencedores em qualquer um desses campos tinham o cuidado de lembrar que seus dons nunca foram verdadeiramente seus e podiam perder a inspiração de um só golpe se as deidades melindrosas mudassem de ideia.

As áreas em que as musas gregas agiam com caprichos refletem as preocupações contemporâneas. E, no entanto, o conceito mitológico continua a apontar algo válido sobre o fraco controle que temos sobre nossos poderes de realização – e a posição subserviente e ansiosa que somos forçados a adotar em relação a nosso futuro.

B. Dependência da sorte

Nosso status também depende de um leque de condições favoráveis que podem ser resumidas vagamente na palavra "sorte". Pode ser a sorte que nos coloca no trabalho certo, com as habilidades certas, na época certa – e é um pouco mais que má sorte o que nos nega as mesmas vantagens.

Mas citar a sorte como uma explicação para o resultado de nossas vidas lamentavelmente tornou-se inaceitável. Em épocas de menos sofisticação tecnológica, quando os homens respeitavam o poder dos deuses e os ânimos imprevisíveis da natureza, a ideia de alguém possuir controle sobre os acontecimentos e sobre os outros não tinha ampla aceitação. A gratidão e a culpa costumavam ser imputadas a forças externas: fazia-se referência ao papel de demônios, gnomos, espíritos e deuses. Em toda a história de *Beowulf* (c. 1100 d.C.), por exemplo, tomamos conhecimento de que o sucesso do homem depende da vontade do Deus cristão; descrevendo sua derrota sobre a mãe de Grendel, Beowulf afirma: "A luta teria terminado sem demora se Deus não tivesse me protegido".

Mas à medida que o poder do homem de controlar e prever o comportamento de seu ambiente se desenvolveu, o conceito de sorte ou deidades protetoras perdeu força. Apesar de a sorte manter um papel teórico no rumo das carreiras, a avaliação das pessoas se dá, em termos práticos, como se elas pudessem ser responsáveis por suas biografias. Seria modéstia indevida (e até suspeita) atribuir uma vitória à "boa sorte" e, mais importante nesse contexto, seria deplorável culpar a derrota pela razão oposta. Os vencedores fazem sua própria sorte, insiste o mantra moderno, o que teria confundido os adoradores da deusa da Fortuna ou os heróis crédulos de *Beowulf*.

É bastante alarmante depender de elementos contingenciais para obter status. É mais difícil, no entanto, viver em um mundo tão imbuído de noções de controle racional a ponto de desprezar a "má sorte" como uma explicação aceitável para a derrota.

C. Dependência de um empregador

A imprevisibilidade de nossa condição é ainda mais grave, pois provavelmente teremos de depender das prioridades de um empregador para obtermos status.

Nos Estados Unidos, em 1907, um livro intitulado *Three Acres and Liberty* cativou o público leitor. O autor, Bolton Hall, começou tomando como certa a inconveniência de ter de trabalhar para outra pessoa e disse aos leitores que eles podiam reconquistar sua liberdade deixando seus escritórios e fábricas e comprando três acres (1,2 hectare) de terra na região central dos Estados Unidos a um preço razoável. Esse terreno logo lhes permitiria cultivar comida suficiente para alimentar uma família de quatro pessoas e para proporcionar uma casa simples mas confortável, livrando-os da necessidade de adular e negociar com colegas e superiores. O livro descreve em detalhes como plantar vegetais, fazer uma estufa, arrumar um pomar e comprar gado (uma vaca era suficiente para o leite e o queijo, especificou Hall, enquanto patos eram mais nutritivos que galinhas). *Three Acres and Liberty* transmitia uma mensagem ouvida com uma frequência cada vez maior no pensamento americano e europeu a partir de meados do século XIX: para levar uma vida feliz, deve-se tentar escapar da dependência dos empregadores a fim de trabalhar diretamente para si mesmo, em seu próprio ritmo, para a própria felicidade.

Se a mensagem tornou-se mais frequente a partir desse período, foi porque pela primeira vez a maioria das pessoas estava deixando de trabalhar em suas próprias terras ou em pequenas empresas familiares e começando a vender sua inteligência e sua força em troca de um salário que lhes era pago por outra pessoa. Em 1800, 20% da força de trabalho americana estavam empregadas por outra pessoa; em 1900, o número era de 50%; em 2000, 90%. Os empregadores também estavam admitindo mais gente. Em 1800, menos de 1% da força de trabalho americana estava empregada em uma organização com quinhentos funcionários ou mais; em 2000, o número era de 55%.

Na Inglaterra, a transição de uma nação de pequenos produtores rurais para um país de assalariados foi acelerada por uma escassez de terras de propriedade comum, que no passado tinham permitido a uma parte da população sobreviver cultivando alimentos para si mesma e deixando seus animais, uma vaca ou um ganso, perambular livremente. A partir do século XVIII, a maioria dos campos "abertos" ingleses foi fechada por muros e cercas por proprietários de terras poderosos. Entre 1724 e 1815, perto de 600 mil hectares de terra foram cercados. Na análise marxista tradicional (contestada fortemente por historiadores, porém reveladora), o movimento de cercamento anunciou o nascimento de um proletariado industrial moderno, definido como um grupo de pessoas incapazes de viver de seus próprios recursos e que, portanto, não tinham saída a não ser se venderem a um empregador por um determinado preço e em condições que pesavam muito a favor desse empregador.

O esforço de ser empregado inclui não só a incerteza quanto à duração do emprego, mas também a humilhação de se submeter a muitas práticas e dinâmicas de trabalho. Como a maioria das empresas tem a formação de pirâmide, em que uma base ampla de empregados abre caminho a uma ponta estreita de gerentes, a questão de quem será recompensado – e quem ficará para trás – em geral torna-se uma das mais opressivas do local de trabalho e, como todas as formas de angústia, alimenta a incerteza. Como, em muitos campos, é difícil monitorar confiavelmente a produtividade pessoal, o caminho para a promoção ou seu oposto pode adquirir uma relação aparentemente acidental com os resultados. Os alpinistas bem-sucedidos de pirâmides organizacionais podem não ser os melhores em seu trabalho, mas sim aqueles que dominaram melhor uma variedade de artes políticas obscuras para as quais a vida civilizada, de modo geral, não oferece instrução.

Quaisquer que sejam as diferenças superficiais entre as empresas modernas e as cortes reais, talvez o conselho mais lúcido sobre as exigências para a sobrevivência nas empresas tenha sido escrito por vários nobres perspicazes com a experiência de terem vivido nas cortes da França e da Itália entre os séculos XV e XVII. De forma independente, esses homens reuniram suas ideias em uma série de trabalhos cínicos escritos em um estilo aforístico ácido que continua a ampliar os limites do que gostaríamos de acreditar sobre os outros. As propostas de Maquiavel (1469-1527), Guicciardini (1483-1540), La Rochefoucauld (1613-1680) e La Bruyère (1645-1696) nos dão uma indicação das manobras que os trabalhadores podem ter de fazer, além de seus papéis regulares, para que floresçam:

A necessidade de precaver-se contra os colegas:
"Os homens são tão falsos, tão insidiosos, tão falazes e ladinos em sua astúcia, tão ávidos em seus próprios interesses e tão indiferentes aos interesses dos outros que não pode errar quem acredita pouco e confia ainda menos."

GUICCIARDINI

"Devemos viver com nossos inimigos como se eles pudessem um dia se tornar nossos amigos, e viver com nossos amigos como se eles pudessem vez ou outra tornar-se nossos inimigos."

LA BRUYÈRE

A necessidade de mentir e exagerar:
"O mundo recompensa com mais frequência os sinais de mérito do que o próprio mérito."

LA ROCHEFOUCAULD

"Se você está envolvido em questões importantes, deve sempre ocultar as falhas e exagerar os sucessos. Isso é trapaça, mas, uma vez que seu destino depende com mais frequência da opinião dos outros do que de seus próprios atos, é uma boa ideia criar a impressão de que as coisas estão indo bem."

GUICCIARDINI

"Você é um homem honesto e não procura agradar nem desagradar os favoritos. Você é meramente ligado a seu senhor e a seu dever. Você está acabado."

LA BRUYÈRE

A necessidade de ameaçar:
"É muito mais seguro ser temido que amado. O amor é sustentado por um laço de gratidão que, sendo os homens

excessivamente egoístas, é rompido sempre que eles veem uma oportunidade de se beneficiar. Mas o medo é sustentado pelo temor do castigo, que é sempre eficaz."

MAQUIAVEL

"Uma vez que a maioria dos homens ou não é muito boa ou não é muito sensata, deve-se confiar mais na severidade do que na gentileza."

GUICCIARDINI

É claro que é possível adquirir as luvas de veludo e os punhos de ferro de um cortesão e aprender a navegar entre colegas como o faríamos ao redor de uma costa de recifes – mas a necessidade de fazer isso quase nunca é tranquilizadora. Da perspectiva de um escritório ou de uma fábrica, é fácil compreender a atração de três acres, meia dúzia de patos e liberdade.

D. Dependência da lucratividade de um empregador

A confiabilidade do empregador depende não só da política dentro da organização, mas também da capacidade das empresas de continuarem lucrativas em mercados onde os produtores raramente são capazes de defender suas posições competitivas ou têm o poder de fixar preços por muito tempo. Se a ferocidade da concorrência deixa muitos trabalhadores com uma angústia talvez semelhante àquela que alguém pode experimentar parado em um banco de gelo derretendo, é porque a forma mais eficaz e mais rápida de as empresas melhorarem a lucratividade é, quase invariavelmente, dizimar os níveis auxiliares.

Empresas sob pressão financeira acharão difícil resistir a se desfazer dos trabalhadores em países com altos salários a fim de contratar substitutos em terras distantes a baixos salários. Elas também podem ser induzidas a melhorar sua lucratividade fundindo-se com concorrentes, eliminando grandes faixas de força de trabalho duplicada. Ou podem desenvolver robôs para substituir sua equipe. O caixa eletrônico foi desenvolvido em 1968 e instalado pela primeira vez no ano seguinte em um buraco na parede de uma agência do Manhattan's Chemical Bank. Dez anos depois, havia 50 mil caixas eletrônicos no mundo; em 2000, um milhão. Embora sejam tecnologicamente impressionantes, os caixas eletrônicos ofereceram aos caixas de banco poucos motivos para comemorar. Um caixa eletrônico pode fazer o trabalho de nada menos do que 37 funcionários (e raramente adoecem) – como os números logo mostraram. Nos Estados Unidos, 500 mil pessoas, perto de metade da força de trabalho dos bancos de varejo, perderam seus empregos entre 1980 e 1995, em parte por causa da invenção dessas máquinas tão eficientes.

Além disso, os empregadores devem se preocupar com as consequências da pressão que as empresas sofrem para introduzir no mercado produtos novos e melhores. Por longos períodos da história, o ciclo de vida de bens e serviços era mais longo do que o dos seres humanos que os produziam e consumiam. No Japão, o quimono e o *jinbaori* permaneceram inalterados por quatrocentos anos. Na China do século XVIII, as pessoas usavam exatamente o que seus ancestrais vestiam no século XVI. Entre 1300 e 1660, o design dos arados não se alterou em todo o norte da Europa – uma estabilidade que deve ter dado a artesãos e trabalhadores uma sensação tranquilizadora de que seus negócios sobreviveriam a eles. Mas o ciclo de vida dos produtos se acelerou muito desde meados do século XIX – destruindo a confiança dos trabalhadores na integridade de suas carreiras a longo prazo.

Em quase todas as áreas da economia podemos encontrar produtos e serviços que foram derrotados por similares mais novos: canais depois da invenção da ferrovia, aviões de passageiros depois da introdução do motor a jato, cavalos depois do desenvolvimento do carro, máquinas de escrever depois do nascimento do computador pessoal.

A paixão do mercado pela mudança tem a propensão de envolver as empresas em custos de desenvolvimento de produtos tão altos que sua sobrevivência pode depender do lançamento bem-sucedido de um único item. As empresas se assemelham a apostadores que, em vez de poderem se retirar com cautela depois de uma boa rodada de ganhos, são continuamente obrigados, sob a mira de uma arma, a arriscar seus ativos e a subsistência de seus empregados no resultado de algumas apostas, ou até mesmo de apenas uma, e, como consequência disso, ou acumulam grandes riquezas, embora precárias, ou se autodestroem.

E. Dependência da economia global

A sobrevivência de empresas e seus empregados é ainda mais ameaçada pelo desempenho de toda a economia.

Desde o início do século XIX, a história das economias das nações ocidentais passou por ciclos repetidos de crescimento e recessão. Em geral, quatro ou cinco anos de expansão eram seguidos de um ou dois anos de retração, com ocasionais reduções maciças durando cinco ou seis anos. Os gráficos da riqueza nacional parecem os perfis de cadeias de montanhas angulosas. Por trás de todos os vales do gráfico estão falências de empresas há muito estabelecidas, demissões da força de trabalho, fechamentos de fábricas, destruição de estoques. Pode ser tentador atribuir esses acontecimentos a dimensões não naturais e talvez até um dia evitáveis da vida econômica, mas, apesar dos esforços de governos e bancos centrais, aparentemente pouca coisa pode ser evitada nessa turbulência.

Cada ciclo é marcado por características similares. Começa quando o crescimento atinge um pico e as empresas investem em nova capacidade estrutural para atender a possíveis necessidades futuras. Os custos de produção tendem a aumentar junto com o preço dos ativos, especialmente ações e propriedade, valorizados em parte por especuladores. O custo do crédito é baixo nesse ponto, o que estimula as empresas a investir em fábricas e escritórios de custo elevado. Mas enquanto a demanda e o rendimento corrente começam a desacelerar, as taxas de consumo continuam a aumentar. Com poupança baixa, os empréstimos pessoais e comerciais também se expandem. Para satisfazer a demanda interna, as importações aumentam e as exportações caem, estimulando um déficit na balança comercial. Agora a economia está fora de forma: excesso de investimento, de consumo e de empréstimos. A partir daí, começa-se a rolar na recessão. Os preços aumentam devido a uma combinação do uso de capacidade produtiva menos eficiente e ao crescimento da oferta de dinheiro e da especulação. O crédito escasso e caro aumenta o custo da dívida circulante. Os preços dos ativos, excessivamente valorizados na alta, perdem valor. Os devedores não conseguem fazer os pagamentos, e as garantias para empréstimos são reduzidas. A renda, o investimento e o consumo caem. As empresas e os empresários passam por um revés ou pedem falência; o desemprego aumenta. Com a evaporação da confiança, os empréstimos e os gastos continuam a cair. Os investimentos de longo prazo feitos em altas anteriores chegam ao fim, o que aumenta a oferta enquanto reduz os preços no exato momento em que a demanda diminui. As empresas e os lares são obrigados a vender ativos a custos mais baixos, aprofundando a crise. Compradores em potencial esperam pela baixa do mercado antes de comprar, atrasando ainda mais a recuperação.

Ansiedade constante é uma reação plausível às ameaças reais do ambiente econômico, e não um sinal de histeria.

Mudança percentual no produto interno bruto per capita dos EUA, 1890-2000

2

Se estamos angustiados com a ideia de fracasso, é porque o sucesso oferece o único incentivo confiável para que o mundo nos garanta sua boa vontade. Um laço familiar, uma amizade ou uma atração sexual podem às vezes tornar incentivos materiais desnecessários, mas seria um otimismo imprudente confiar nessas moedas correntes para a satisfação regular das necessidades dos nossos afetos. Os seres humanos raramente sorriem sem que sejam tentados por fortes razões a fazê-lo.

3

Adam Smith, *A riqueza das nações* (Edimburgo, 1776):

"O homem tem uma oportunidade quase constante de ser ajudado por seus irmãos. [Contudo], é inútil para ele esperar que isso aconteça somente por benevolência. Ele terá mais chances de prosperar se for interessante ao amor-próprio deles (...). Não é da benevolência do açougueiro, do cervejeiro ou do padeiro que esperamos nosso jantar, mas da consideração que eles têm por seus próprios interesses. Voltamo-nos não para a sua humanidade, mas para o seu amor-próprio."

4

De acordo com uma tese, açougueiros, cervejeiros e padeiros nem sempre foram tão desumanos. Pode ser que antigamente eles tenham colocado víveres na mesa não porque alguém foi capaz de pagar por eles, mas porque essa pessoa tinha modos agradáveis ou era um conhecido distante de um parente. Segundo sugere essa tese, o egoísmo financeiro nem sempre desfrutou de um poder exclusivo; ele foi um desenvolvimento histórico recente, um produto da era moderna e do capitalismo avançado. Na era feudal, continua a tese, o egoísmo financeiro era fortemente contrabalançado por considerações não materiais. Os trabalhadores eram considerados membros das famílias ampliadas de seus empregadores e recebiam certo grau de lealdade e gratidão. Os ensinamentos cristãos ajudaram a fomentar um clima de preocupação pelos vulneráveis e famintos – e havia um acordo tácito de que, em situações de dificuldade, eles receberiam auxílio.

Mas esses relacionamentos comunais e patriarcais, segundo alega essa mesma tese, foram destruídos pela ascensão da burguesia ao poder na segunda metade do século XVIII. A classe burguesa, imensamente poderosa graças ao controle de capital e tecnologia, estava interessada somente na riqueza. Sendo utilitária e não sentimental, ela via os empregados como meios para seus fins de aquisição, não cuidava de suas famílias e não se orientava pelas necessidades dos doentes, dos velhos e dos jovens ingênuos. Ao mesmo tempo, as populações gravitavam em grandes cidades, onde a camaradagem entre vizinhos fora destruída por um clima de competição e pressa. Para piorar a situação dos vulneráveis, o cristianismo perdera força na mente dos que detinham as alavancas do poder, e o respeito pelos pobres e o sentimento de comunidade se dissiparam junto com isso.

No *Manifesto comunista* (1848), Karl Marx, o proponente mais vigoroso dessa tese, descreveu o triunfo das preocupações financeiras em uma prosa apocalíptica e visionária: "A burguesia desfez (...) impiedosamente os laços do mosaico feudal que ligam o homem a seus 'superiores naturais' e não deixou outro vínculo entre os homens além do puro egoísmo, do desumano 'pagamento em dinheiro'. Ela afogou na água gelada do calculismo egoísta os êxtases celestiais do fervor religioso, do entusiasmo cavalheiresco, do sentimentalismo filisteu. Ela decompôs o valor pessoal em valor de troca".

Na *Fundamentação da metafísica dos costumes* (1785), Immanuel Kant afirmou que se comportar moralmente em relação aos outros exigia que se respeitassem os outros "por eles mesmos", em vez de usá-los como "meio" para o enriquecimento ou a glória. Com referência a Kant, Marx agora acusava a burguesia e sua nova ciência, a economia, de praticar a "imoralidade" em larga escala: "[A economia] só conhece o trabalhador como um animal de trabalho – como uma besta reduzida às necessidades corporais mais estritas". Os salários pagos aos empregados eram, segundo Marx, "como o óleo aplicado às rodas para mantê-las girando. O verdadeiro propósito do trabalho não é mais o homem, mas o dinheiro".

5

Marx pode ter sido um historiador ruim, idealizando a esmo o passado pré-industrial e castigando indevidamente a burguesia, mas suas teorias têm valor por apreenderem e dramatizarem um grau inevitável de conflito entre empregador e empregado.

Sob quaisquer variações e diferenças regionais no estilo e na gestão, o raciocínio de quase qualquer organização comercial pode ser decomposto em uma equação simples e estéril:

INSUMOS	PRODUÇÃO
Matéria-prima + Mão de obra + Maquinaria =	Produto + Lucro

Toda organização tentará reunir matéria-prima, mão de obra e maquinaria ao preço mais baixo possível para combiná-las em um produto que possa ser vendido ao preço mais alto possível. Da perspectiva econômica, não existem diferenças entre qualquer um dos elementos no lado de insumos da equação. Todos são commodities que a organização racional procurará obter a um preço baixo e manipulará com eficiência em busca do lucro.

E, no entanto, há uma diferença entre "mão de obra" e outros elementos que a economia convencional não tem meios de representar ou avaliar, mas que é um fato inevitável do mundo: a mão de obra sente dor.

Quando as linhas de produção se tornam caras demais, elas podem ser desativadas e não se queixarão da aparente injustiça de seu destino. Uma empresa pode deixar de usar carvão e passar ao gás natural sem que a fonte de energia desprezada se jogue de um precipício. Mas a mão de obra tem o hábito de reagir com emoção aos esforços para reduzir o seu preço ou a sua presença.

Ela soluça em cubículos de banheiros, bebe para atenuar temores de insucesso e pode escolher a morte em vez da demissão.

Essas reações emocionais nos apontam para dois imperativos que coexistem na arena em que o status é conferido: um *imperativo econômico*, que dita que a principal tarefa da empresa é obter lucro, e um *imperativo humano*, que leva os empregados a ansiarem por segurança financeira, respeito e estabilidade.

Embora os dois imperativos possam coexistir por longos períodos sem atrito aparente, o que faz da angústia uma presença constante na vida de todos os trabalhadores assalariados é a consciência de que, em qualquer atrito sério entre os dois, é o imperativo econômico – devido à própria lógica do sistema comercial – que sempre prevalecerá.

É possível que as lutas entre mão de obra e capital, pelo menos no mundo desenvolvido, não sejam mais tão diretas como na época de Marx. Porém, apesar dos avanços nas condições de trabalho e na legislação trabalhista, os trabalhadores continuam a ser instrumentos de um processo em que sua felicidade ou bem-estar econômico é necessariamente incidental. Independentemente da camaradagem que possa ser formada entre empregador e empregado, independentemente da boa vontade que os trabalhadores possam demonstrar e apesar dos muitos anos que possam dedicar ao trabalho, eles devem viver com o conhecimento e a angústia concomitante de que seu status não é garantido – pois continua dependendo tanto de seu desempenho como do bem-estar econômico da organização onde trabalha, que são um meio para o lucro e nunca, ainda que desejem ardentemente em nível emocional, um fim em si mesmos.

6

Se a instabilidade do emprego importa, não é só por causa do dinheiro. É também para voltarmos a nosso tema inicial, por causa do amor, porque o trabalho é o principal determinante do respeito e dos cuidados que receberemos. É de acordo com a resposta que podemos dar quando perguntados sobre o que fazemos – normalmente a primeira indagação feita num primeiro encontro – que será decidido como seremos recebidos.

E, infelizmente, nossa capacidade de dar uma resposta à altura raras vezes está dentro da nossa alçada. Depende dos altos e baixos econômicos, das lutas no mercado e dos caprichos da sorte e da inspiração – enquanto, por sua vez, nossa necessidade de amor continua firme, não menos estável ou insistente do que pode ter sido na infância. Há um desequilíbrio entre nossas exigências e as condições incertas do mundo, que constitui o quinto pilar inflexível sobre o qual repousa nosso desejo de status.

Parte dois

SOLUÇÕES

I. FILOSOFIA

Honra e vulnerabilidade

1

Em 1834, na cidade de Hamburgo, um oficial do exército, o barão von Trautmansdorf, jovem e de boa aparência, desafiou um colega oficial, o barão von Ropp, para um duelo sobre um poema que von Ropp tinha escrito e divulgado entre os amigos a respeito do bigode de von Trautmansdorf, dizendo que ele era fino e mole, sugerindo que essa podia não ser a única parte do corpo de von Trautmansdorf a ter tais qualidades. A rixa entre os barões havia se originado da paixão de ambos pela mesma mulher, a condessa Lodoiska, a viúva de olhos cinza-esverdeados de um general polonês. Incapazes de resolver suas diferenças amigavelmente, os dois homens se encontraram em um campo num subúrbio de Hamburgo, em uma manhã de março. Os dois levaram espadas, os dois mal tinham chegado a seus trinta anos, e os dois morreram na luta que se seguiu.

O acontecimento não era uma exceção. Desde as suas origens na Itália renascentista até o seu fim na Primeira Guerra Mundial, a prática do duelo ceifou a vida de centenas de milhares de europeus. Só na Espanha, durante o século XVII, foi responsável por cinco mil mortes. Quem visitava o país era alertado para tomar um cuidado extra quando se dirigisse aos moradores, para não lhes ofender a honra e não provocar um sepultamento. "Os duelos acontecem todo dia na Espanha", declarou um personagem em uma peça de Calderón. Na França, em 1608, o lorde Herbert de Cherbury relatou que não havia "quase nenhum homem que valesse um olhar que não tivesse matado outro em um duelo", enquanto na Inglaterra sustentava-se que ninguém era um cavalheiro até que tivesse "sacado a espada".

Embora os duelos às vezes fossem incitados por questões de importância objetiva, a maioria tinha origens em questões de honra menores e até insignificantes. Em Paris, em 1678, um homem matou outro que dissera que seu apartamento era de mau gosto. Em Florença, em 1702, um literato acabou com a vida de um primo que o havia acusado de não entender Dante. Na França, sob a regência de Filipe de Orleans, dois oficiais da guarda lutaram no Quai des Tuileries pela propriedade de um gato angorá.

2

Os duelos simbolizam uma incapacidade radical de acreditar que nosso status pode ser uma questão só nossa, algo que decidimos e não revisamos de acordo com os julgamentos variáveis de nosso público. Para o duelista, o que os outros pensam dele será o único fator que determinará o que ele pode pensar de si mesmo. Ele não pode continuar a ser aceitável ante seus próprios olhos quando os que o cercam o acham maldoso, desonrado, covarde, fracassado, tolo ou efeminado. Sua autoimagem é tão dependente da opinião dos outros que ele preferiria morrer por uma bala ou um golpe de espada a permitir que ideias desfavoráveis sobre ele continuassem a se alojar na mente do público.

Sociedades inteiras tinham feito da manutenção do status, e mais particularmente da "honra", a principal tarefa de cada adulto do sexo masculino. Nas aldeias tradicionais da Grécia, a honra era chamada *time*; nas comunidades muçulmanas, *sharaf*; entre os hindus, *izzat*

– e, em todos os casos, era pela violência que se esperava sustentá-la. Nas comunidades tradicionais da Espanha, para ser digno de honra um homem tinha que ser fisicamente corajoso, sexualmente potente, predatório em relação às mulheres antes de se casar e fiel depois do casamento, capaz de sustentar financeiramente a família e autoritário o bastante com a esposa para garantir que ela não tivesse namoricos passageiros ou dormisse com outros homens. A desonra advinha das próprias infrações aos códigos, mas também de qualquer reação insuficientemente violenta a uma injúria de outra pessoa. Se alguém era ridicularizado na praça do mercado ou recebia um olhar ofensivo na rua e não exigia um duelo, o argumento de seus ofensores seria confirmado.

3

Embora possamos olhar de esguelha para os que recorrem à violência para resolver questões de honra, nós compartilhamos o aspecto mais significativo da mentalidade daqueles que o fazem: uma vulnerabilidade extrema ao desdém dos outros. Como o mais cabeça-quente dos duelistas, nossa autoestima provavelmente é determinada pelo valor que os outros nos dão. Duelar é somente um exemplo histórico forçado e útil de uma disposição emocional mais universal e suscetível em relação a questões de status.

Uma necessidade intensa de ser bem-visto pelos outros perdeu pouco de seu apelo em nosso senso de prioridades. O medo de se tornar o que os espanhóis chamavam de *deshonrado*, uma categoria cujas conotações contemporâneas podem ser mais bem apreendidas pela deprimente e desdenhosa palavra “fracassado”, pode nos acossar tanto quanto fazia com os personagens das tragédias de Calderón ou Lope de Vega.

Ter o status negado – por exemplo, porque não conseguimos atingir certas metas profissionais ou fomos incapazes de sustentar nossa família – é tão doloroso para nós quanto o era para os membros de uma comunidade tradicional que sofriam de perda de honra, *time*, *sharaf* ou *izzat*.

Filosofia e invulnerabilidade

> "A cabeça dos outros é um lugar desventurado demais para que a verdadeira felicidade tenha assento."
> Schopenhauer, *Parerga e Paralipomena* (1851)

> "A natureza não me disse: 'Não seja pobre'. Nem disse: 'Seja rico'; mas me implorou: 'Seja independente'."
> Chamfort, *Máximas* (1795)

> "Não é meu lugar na sociedade que me faz conveniente, mas meus julgamentos; e estes eu posso levar comigo... Só estes são meus e não podem ser retirados de mim."
> Epicteto, *Discursos* (c. 100 d.C.)

1

Na península grega, no início do século V a.C., surgiu um grupo de indivíduos, muitos deles barbudos, que eram livres, de um modo singular, do desejo de status que atormentava os seus contemporâneos. Esses filósofos não se deixavam perturbar pelas consequências psicológicas e materiais de uma posição humilde na sociedade; permaneciam calmos diante de insultos, desaprovação e penúria. Quando Sócrates viu uma pilha de ouro e joias sendo levada em procissão pelas ruas de Atenas, exclamou: "Veja quantas coisas existem que não quero". Quando Alexandre, o Grande, passou por Corinto, visitou o filósofo Diógenes e o encontrou sentado sob uma árvore, vestido com trapos, sem nenhum dinheiro em seu poder. Alexandre, o homem mais poderoso do mundo, perguntou se ele podia fazer alguma coisa para ajudá-lo. “Sim”, respondeu o filósofo, “se puder, saia do caminho. Está bloqueando a luz.” Os soldados de Alexandre ficaram horrorizados, esperando um surto da famosa ira de seu comandante. Mas Alexandre limitou-se a rir e lembrou que, se ele não fosse Alexandre, certamente gostaria de ser Diógenes. Antístenes soube que muitas pessoas importantes em Atenas tinham começado a elogiá-lo. “Por que”, perguntou ele, “o que eu fiz de errado?” Empédocles tinha uma consideração semelhante pela inteligência dos outros. Certa vez acendeu uma lamparina em plena luz do dia e disse, enquanto circulava com ela: “Estou procurando por alguém com intelecto”. Tendo observado Sócrates ser insultado no mercado, um transeunte lhe perguntou: “Não se importa em ser xingado?” “Por quê? Acha que devo me ressentir se um asno me escoicear?”, respondeu Sócrates.

2

Não é que esses filósofos tenham deixado de dar atenção à diferença entre gentileza e zombaria, sucesso e fracasso. Eles simplesmente encontraram uma forma de encarar a parte mais sombria da equação que nada devia ao código de honra tradicional, segundo o qual o que os outros pensam de nós deve determinar o que pensamos de nós mesmos e todo insulto, merecido ou não, deve nos envergonhar.

Relações de honra

VISÃO DOS OUTROS		AUTOIMAGEM
Você é desonrado	——→	Eu sou desonrado

A filosofia introduziu um novo elemento ao relacionamento com a opinião pública, um elemento que pode ser visualizado como uma caixa na qual todas as percepções públicas, sejam positivas ou negativas, primeiro teriam de ser dirigidas a fim de ser avaliadas e depois enviadas à autoimagem com força renovada se fossem verdadeiras ou, se fossem falsas, lançadas sem nenhum prejuízo na atmosfera para que se dispersassem com um riso ou um dar de ombros. Os filósofos denominaram essa caixa "razão".

Consciência intelectual

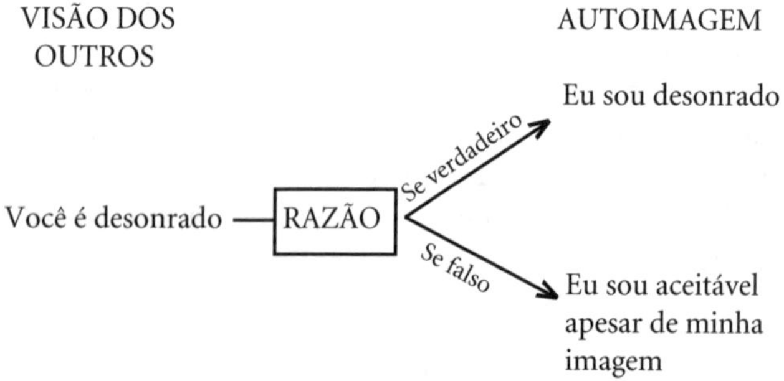

De acordo com as regras da razão, uma dada conclusão deve ser considerada verdadeira se, e somente se, advém de uma sequência lógica de pensamentos fundamentada em premissas iniciais sólidas. Considerando a matemática o modelo do bem-pensar, os filósofos começaram a tentar aproximar as certezas matemáticas objetivas à vida ética. Graças à razão, nosso status podia ser estabelecido – propunham os filósofos – de acordo com uma consciência intelectual, em vez de ser abandonado aos caprichos e emoções da praça do mercado. E, se o exame racional revelasse que fomos tratados injustamente pela comunidade, os filósofos recomendavam que não nos perturbássemos mais com o julgamento do que faríamos se tivéssemos sido abordados por um louco com a intenção de provar que dois mais dois são cinco.

Em todas as suas *Meditações* (167 d.C.), o imperador e filósofo Marco Aurélio, deslocando-se pelo mundo instável da política romana, lembrou-se de submeter à razão quaisquer opiniões que ouvisse sobre seu caráter e suas realizações, antes de permitir que afetassem a concepção que tinha de si mesmo. "[Sua decência] não depende do testemunho dos outros", insistiu o filósofo-imperador, contestando a crença de sua sociedade de que a honra se baseava na avaliação das pessoas: "O que é elogiado torna-se *melhor*? Uma esmeralda torna-se *pior* se não é elogiada? E quanto ao ouro, ao marfim, a uma flor ou planta?" Em vez de se deixar seduzir ao ouvir elogios a seu nome ou se retirar magoado quando era insultado, Marco Aurélio recomendava determinar sua posição baseado em quem ele mesmo sabia que era: "Será que algum homem me desprezará? Deixe-o se preocupar com isso. Mas eu cuidarei de não ser visto fazendo ou dizendo nada que mereça ser desprezado".

3

Não devemos deduzir disso que a condenação ou a censura dos outros é sempre imerecida. Deixar a avaliação de nosso valor a cargo de uma consciência intelectual não deve ser confundido com uma expectativa de amor incondicional. Ao contrário dos pais ou amantes, que podem nos valorizar independentemente do que fizermos e apesar de nossos fracassos, os filósofos continuam a aplicar critérios a seu amor, só que não os critérios duvidosos e irracionais a que o mundo corre o risco de recorrer. Podem existir ocasiões em que uma consciência intelectual exigirá que sejamos mais sombrios em relação a nós mesmos do que os outros foram. Em vez de rejeitar totalmente uma hierarquia de sucesso e fracasso, a filosofia apenas reconfigura o processo de avaliação, ela legitima a ideia de que o sistema de valor dominante talvez esteja destinando injustamente algumas pessoas à desgraça, enquanto, com a mesma injustiça, destina outros à honra – e no caso de uma injustiça, isso nos ajuda a sustentar a ideia de que podemos ser amados mesmo sem os elogios alheios.

4

Da mesma forma, a filosofia não nega a utilidade de certos tipos de ansiedade. Como os insones bem-sucedidos há muito enfatizaram, pode ser o ansioso quem sobrevive melhor.

Porém, se admitimos o valor de certos sentimentos de ansiedade para nos ajudar a encontrar segurança e desenvolver nossos talentos, estamos autorizados a questionar a utilidade de outras emoções em relação a precisamente aquelas mesmas metas. Podemos sentir inveja de uma situação ou posse que nos faria infelizes se as tivéssemos garantidas. E podemos experimentar ambições que não têm relação com as nossas necessidades reais. Se deixadas à própria sorte, nossas emoções poderiam nos empurrar tanto para a indulgência, a raiva descontrolada e a autodestruição quanto para a saúde e a virtude. Como parece característico dessas emoções irem além ou ficarem aquém de seus alvos, os filósofos aconselharam que usemos nossas faculdades de raciocínio para guiá-las a um fim adequado, perguntando a nós mesmos se o que queremos é verdadeiramente o que precisamos e se o que tememos é verdadeiramente o que deve ser temido.

Na *Ética a Eudemo* (c. 350 a.C.), Aristóteles deu exemplos de como o comportamento humano, se deixado sem exame, em geral tenderá para extremos e delineou um ideal ou um meio-termo justo, obstinado e sensato para o qual devemos nos orientar com a ajuda da razão:

–	IDEAL FILOSÓFICO	+
Covardia	Coragem	Imprudência
Avareza	Generosidade	Esbanjamento
Indolência	Gentileza	Raiva
Grosseria	Espirituosidade	Palhaçada
Mau humor	Afabilidade	Subserviência

E podemos acrescentar:

Letargia de status	Ambição	Histeria de status

Misantropia inteligente

1
Se ouvimos as críticas bem fundamentadas ao nosso comportamento, prestamos atenção aos nossos desejos e ambições, adotamos um senso adequado de responsabilidade por nossas falhas e ainda assim continuamos a ter um status pouco elevado em nossa comunidade, podemos ser tentados a adotar uma abordagem praticada por alguns dos maiores filósofos da tradição ocidental. Podemos, por meio de uma compreensão lúcida das deformações do sistema de valores em torno de nós, decidir por uma atitude de misantropia inteligente, sem ser defensivos ou orgulhosos.

2
Quando começamos a analisar as opiniões dos outros, propuseram os filósofos há muito tempo, fazemos uma

descoberta triste que, ao mesmo tempo, curiosamente, é um alívio: as opiniões da maioria da população sobre a maioria dos temas são permeadas por uma confusão extraordinária e pelo erro. Chamfort, ecoando a atitude misantropa de gerações de filósofos antes e depois dele, colocou a questão com simplicidade: "A opinião pública é a pior de todas as opiniões".

O motivo para isso está na relutância do público em submeter seus pensamentos aos rigores do exame racional e no fato de que essas opiniões estão baseadas na intuição, na emoção e nos costumes. "Pode-se estar certo de que toda ideia sustentada de um modo geral, toda noção genericamente aceita, será uma idiotice, porque foi capaz de atrair a maioria", observou Chamfort, acrescentando que o que é chamado de bom senso é em geral pouco ou nenhum senso, pois sofre de simplificação, falta de lógica, preconceito e superficialidade: "Os costumes mais absurdos e as cerimônias mais ridículas são desculpadas em toda parte apelando à expressão, 'mas esta é a tradição'. Isso é exatamente o que os hotentotes dizem quando os europeus lhes perguntam por que eles comem gafanhotos e devoram os piolhos de seu corpo. 'Esta é a tradição', eles explicam".

3

Embora tendo de reconhecer que a pobreza da opinião pública pode ser dolorosa, perceber isso tem implicações úteis para nosso desejo de status, nossa vontade exaustiva de garantir que os outros pensem bem de nós e nosso anseio melindroso por sinais de amor.

Pode-se dizer que a aprovação dos outros importa para nós por dois motivos: materialmente, porque o desprezo da comunidade pode vir acompanhado de perigo e desconforto físico, e psicologicamente, porque pode ser impossível manter a confiança em nós mesmos depois que os outros deixaram de nos ver com respeito.

Os benefícios de uma abordagem filosófica a essa questão estão relacionados à segunda consequência da desatenção, porque, em vez de deixarmos que cada caso de oposição ou desprezo nos machuque, somos convidados primeiro a examinar se o comportamento dos outros é justo. Só o que é *ao mesmo tempo* condenatório e verdadeiro deve ter a capacidade de despedaçar nossa estima. Devemos deter o processo masoquista pelo qual procuramos a aprovação das pessoas antes que tenhamos nos perguntado se a opinião delas merece ser ouvida; o processo pelo qual procuramos o amor daqueles por quem descobrimos, depois de analisar suas opiniões, ter pouco respeito.

Devemos então começar sem rancor a desdenhar de algumas pessoas da mesma maneira que elas desdenham de nós – uma atitude misantropa da qual a história da filosofia está repleta de exemplos corroboradores.

4

"Aos poucos nos tornaremos indiferentes ao que se passa pela cabeça dos outros, quando adquirirmos um conhecimento adequado da natureza superficial e fútil de seus pensamentos, da estreiteza de sua visão, da insignificância de seus sentimentos, da perversidade de suas opiniões e da quantidade de erros que cometem... Devemos então ver que quem quer que dê muito valor à opinião dos outros confere a eles honra demais", afirmou Arthur Schopenhauer, um modelo importante da misantropia filosófica.

Em *Parerga e Paralipomena* (1851), o filósofo propôs que nada pode corrigir mais rápido nosso desejo de ser amado pelos outros do que concentrarmo-nos em seu verdadeiro caráter, que, na maioria dos casos, raciocinou ele, era excessivamente bruto e estúpido. "Em todos os países a principal diversão da sociedade se tornou jogar cartas", assinalou ele. "Isso indica o valor da sociedade e a falência declarada de todas as ideias e pensamentos." Além disso, esses jogadores de cartas eram em geral sonsos e imorais: "A expressão *coquin méprisable* [trapaceiro desprezível] é aplicável a um número medonho de pessoas neste mundo". E, quando não são perversas, elas tendem a ser burras. Schopenhauer citava com aprovação a observação de Voltaire: "*La terre est couverte de gens qui ne méritent pas qu'on leur parle*" (A terra está coberta de gente que não vale o que diz).

Será que podemos realmente levar a opinião dessas pessoas tão a sério?, perguntou Schopenhauer. Podemos realmente continuar a permitir que seus veredictos governem o que fazemos de nós mesmos? Pode nossa autoestima se render sensatamente a um grupo de jogadores de cartas? Mesmo que essas pessoas venham a respeitar alguém, o quanto esse respeito pode valer? Ou, como Schopenhauer colocou a questão: "Sentir-se-ia um músico lisonjeado pelo aplauso ruidoso de seu público se soubesse que, com a exceção de um ou dois, o público consistia inteiramente de surdos?"

5

A desvantagem dessa visão lúcida da humanidade é que ela pode nos levar a ter poucos amigos. O companheiro de filosofia misantropa de Schopenhauer, Chamfort, insinuou o problema: "Uma vez que tenhamos resolvido dar atenção somente àqueles que nos tratarão com honra, moral, racionalidade e honestidade, sem tratar as convenções, as vaidades e os cerimoniais como algo diferente de sustentáculos da sociedade educada; quando tivermos tomado essa resolução (e temos de fazer isso ou terminaremos tolos, fracos ou torpes), o resultado é que teremos de viver mais ou menos por conta própria".

Schopenhauer aceitou a possibilidade de bom grado. "Há no mundo apenas a escolha entre a solidão e a vulgaridade", confirmou ele e passou a aconselhar que todos os jovens deveriam aprender "como conviver com a solidão (...) porque, quanto menos um homem é impelido a entrar em contato com outros, melhor para ele". Felizmente, depois de passar algum tempo trabalhando e vivendo com as pessoas, qualquer um que seja sensato, sugeriu Schopenhauer, naturalmente se sentirá "um pouco inclinado a uma associação frequente com outros, como os mestres das escolas que se juntam às brincadeiras das crianças turbulentas e ruidosas que os cercam".

Dito isso, uma decisão de evitar as pessoas não deve implicar que não se deseje a companhia de ninguém. Simplesmente reflete uma insatisfação com o que está disponível. Os céticos são idealistas com padrões terrivelmente altos. Nas palavras de Chamfort: "Diz-se de um homem que vive sozinho que ele não gosta da sociedade. É como dizer de um homem que ele não gosta de sair para caminhar porque não gosta de caminhar à noite na floresta de Bondy".

6

A partir de seus estudos independentes, os filósofos recomendaram que sigamos nossa consciência íntima em vez dos sinais de aprovação ou condenação externos. O que importa não é o que parecemos a um grupo aleatório, mas o que *sabemos* que somos. Nas palavras de Schopenhauer: "Toda reprovação só poderá ferir se atingir o alvo. Quem quer que realmente saiba que não merece uma reprovação pode tratá-la e a tratará com desprezo".

Se considerarmos o conselho da filosofia misantropa, devemos renunciar à preocupação pueril de policiar nosso status – uma tarefa impossível, que em teoria exigiria que duelássemos contra todos que já tiveram uma opinião negativa de nós e os eliminássemos – a fim de adotar as satisfações mais solidamente fundamentadas de um senso de valor baseado na lógica.

II. ARTE

Introdução

1

A arte é boa para quê? A questão estava no ar na Grã-Bretanha na década de 1860 e, de acordo com muitos estudiosos, a resposta era: não para muita coisa. Não foi a arte que fez as grandes cidades industriais, construiu ferrovias, dragou os canais, expandiu o império e tornou a Grã-Bretanha proeminente entre as nações. Na verdade, a arte parecia capaz de esgotar as qualidades que tinham tornado essas realizações possíveis; no contato prolongado com a arte, havia o risco de estimular a efeminação, a introspecção, a homossexualidade, a gota e o derrotismo. Em um discurso em 1865, John Bright, parlamentar de Birmingham, descreveu as pessoas cultas como conspiradores pretensiosos cujo único direito à distinção era "um conhecimento superficial de duas línguas mortas, o grego e o latim". O acadêmico de Oxford, Frederic Harrison, sustentava uma visão igualmente cáustica dos benefícios da comunhão prolongada com a literatura, a história ou a pintura. "A cultura é uma qualidade desejável em um crítico de novos livros e se assenta bem em um detentor das *belles lettres*", admitiu ele, mas, "quando aplicada à vida diária ou à política, significa simplesmente um voltar-se para a crítica medíocre, um amor pelo bem-estar egoísta e uma indecisão na ação. O homem de cultura é um dos mais pobres mortais vivos. Por simples pedantismo e falta de bom senso, nenhum homem é seu igual. Nenhum pressuposto é irreal, nenhum fim é inviável para ele."

Quando esses depreciadores que só pensavam em questões práticas procuraram por um representante das muitas deficiências da arte, não poderiam ter encontrado alvo mais tentador na cena literária inglesa do que o poeta e crítico Matthew Arnold, professor de poesia em Oxford e autor de vários volumes de versos melancólicos que foram bem recebidos na roda pretensamente intelectual. Arnold não só tinha o hábito de andar pelas ruas de Londres com uma bengala com ponta de prata, como também falava num tom de voz baixo e agudo, ostentava costeletas peculiarmente longas, repartia o cabelo no meio e, o pior de tudo, tinha a imprudência de insinuar, em uma variedade de artigos de jornal e conferências públicas, que a arte podia ser uma das ocupações mais importantes da vida. Isso em uma época na qual pela primeira vez se podia viajar de Londres a Birmingham em uma manhã e a Grã-Bretanha tinha conquistado o título de oficina do mundo. O *Daily Telegraph*, firme defensor da indústria e da monarquia, ficou furioso. Apelidou Arnold de "Jeremias elegante" e o "sumo sacerdote da persuasão com luvas de pelica" e o acusou, em tom de deboche, de tentar seduzir as pessoas sensatas que trabalhavam arduamente "a deixar suas lojas e deveres para trás a fim de recitar canções, cantar baladas e ler ensaios".

2

Arnold aceitou a zombaria de bom grado até que, em 1869, foi incitado a escrever em livro uma defesa sistemática do que ele acreditava ser a utilidade da arte e por que exatamente ela tinha uma função tão importante a desempenhar na vida – mesmo para uma geração que tinha testemunhado a invenção do guarda-chuva dobrável e do motor a vapor.

Em *Culture and Anarchy*, Arnold começou reconhecendo algumas das acusações feitas contra a arte. Aos olhos de muitos, ela nada mais era, disse ele, que "um bálsamo perfumado para as infelicidades humanas, uma religião que inspirava um espírito de inação cultivada, fazendo com que seus crentes recusem-se a auxiliar demônios inquietantes. É com frequência resumida como não prática ou – como alguns críticos colocam mais simplesmente – um devaneio completo."

Mas, longe de ser um devaneio, a grande arte era, propunha Arnold, um meio de oferecer soluções para as tensões e ansiedades mais profundas da vida. Embora a arte pudesse parecer pouco prática aos "jovens leões do *Daily Telegraph*", ela era capaz de nos presentear com nada menos que uma interpretação e uma solução para as deficiências da existência.

Considere o trabalho de qualquer grande artista, propôs Arnold, e você o descobrirá (diretamente ou não) marcado "pelo desejo de eliminar o erro humano, esclarecer a confusão humana e diminuir a desgraça humana". Todos os grandes artistas são, disse Arnold, imbuídos da "aspiração de deixar o mundo melhor e mais feliz do que o encontraram". É possível que eles nem sempre concretizem tal aspiração em uma mensagem abertamente política, é possível que sequer tenham consciência dessa aspiração, e, no entanto, em seu trabalho, quase sempre haverá um protesto contra o estado das coisas e um esforço para corrigir nosso discernimento ou nos educar para perceber a beleza, ajudar-nos a entender a dor ou inflamar nossa sensibilidade, alimentar nossa capacidade de empatia ou reequilibrar nossa perspectiva moral mediante a tristeza ou o riso. Arnold concluiu a argumentação com uma declaração na qual se baseia este capítulo. A arte, disse Arnold, é "a crítica da vida".

3

O que devemos entender dessa afirmação? Talvez, em primeiro lugar, o mais óbvio, que a vida é um fenômeno que precisa de crítica, que corremos, como criaturas decaídas, um risco permanente de adorar falsos deuses, de deixar de compreender-nos ou interpretar mal o comportamento dos outros ou de nos tornar improdutivamente ansiosos ou ambiciosos e de perder-nos para a vaidade e o erro. De modo atrativo e sub-reptício, com humor ou seriedade, as obras de arte – romances, poemas, peças, pinturas ou filmes – podem funcionar como veículos para nos explicar a nossa condição. Podem agir como guias para uma compreensão mais verdadeira, mais judiciosa e mais inteligente do mundo.

Dado que poucas coisas precisam de tanto criticismo (ou insight e análise) quanto a maneira como lidamos com o status e a sua distribuição, não é nenhuma surpresa encontrar na história tantos artistas criando obras que de certa forma contestam os métodos pelos quais as pessoas são classificadas na sociedade. A história da arte está cheia de questionamentos – irônicos, raivosos, líricos, tristes ou divertidos – ao sistema de status.

Arte e esnobismo

1

Jane Austen começou a trabalhar em *Mansfield Park* na primavera de 1813 e o publicou no ano seguinte. O romance conta a história de Fanny Price, uma moça tímida e modesta de uma família pobre de Portsmouth que, a fim de aliviar os pais, é solicitada pelos tios, o plutocrata Sir Thomas e Lady Bertram, a ir para Mansfield Park, a pomposa residência do casal, para viver com eles e os quatro filhos. Os Bertram ocupam o pináculo da hierarquia rural inglesa, são temidos e reverenciados pelos vizinhos; suas filhas, as adolescentes coquetes Maria e Julia, desfrutam de uma mesada generosa para roupas e têm seus próprios cavalos; e o filho mais velho, Tom, arrogante e insensível, passa o tempo em clubes de Londres, regando suas amizades com champanhe enquanto concentra suas esperanças futuras na morte do pai e na herança de sua propriedade e seu título. Embora versados nas maneiras autodepreciativas da classe alta inglesa, Sir Thomas Bertram e sua família nunca se esquecem (e não permitem que os outros se esqueçam) de sua classe superior e de toda a distinção que deve naturalmente acompanhar a posse de um grande jardim planejado, no qual os cervos vagueiam durante as horas tranquilas, entre o chá e o jantar.

Fanny pode ter vindo morar sob o mesmo teto que os Bertram, mas ela não está em pé de igualdade com eles. Seus privilégios lhes são concedidos de acordo com a vontade de Sir Thomas, as primas a tratam com condescendência, os vizinhos a veem com um misto de suspeita e piedade, e ela é tratada pela maior parte da família como uma dama de companhia de cuja presença se pode desfrutar, mas cujos sentimentos, felizmente, nunca se é obrigado a considerar por muito tempo.

Antes de Fanny chegar a Mansfield Park, Austen nos deixa bisbilhotar as ansiedades da família sobre o seu novo encargo. "Espero que ela não implique com meu pobre cachorrinho", assinala Lady Bertram. Os filhos se perguntam como serão as roupas de Fanny, se ela fala francês e se sabe os nomes dos reis e rainhas da Inglaterra. Sir Thomas Bertram, apesar de ter feito o convite aos pais de Fanny, espera o pior: "Provavelmente encontraremos muito a ser modificado nela e devemos nos preparar para uma ignorância obtusa, uma mediocridade de opinião e uma vulgaridade nas maneiras". A cunhada, mrs. Norris, declara que Fanny deve ter consciência desde o princípio que ela não é, e nunca será, *um deles*. Sir Thomas assevera: "Devemos fazer com que ela se lembre de que não é uma Bertram. Quero ver Fanny e as primas como boas amigas, mas não podem ser iguais. Sua classe, fortuna, direitos e expectativas sempre serão diferentes".

A chegada de Fanny só parece confirmar os preconceitos da família contra os que não nasceram em propriedades rurais com jardins planejados. Julia e Maria descobrem que Fanny só tem um vestido bonito, não fala francês e não sabe de nada. "Veja só, minha prima não consegue formar o mapa da Europa", diz Julia à tia e à mãe, "nem consegue dizer os principais rios da Rússia e nunca ouviu falar na Ásia Menor – que estranho! Já viram tamanha estupidez? Sabe, ontem à noite lhe perguntamos como é que se vai à Irlanda e ela disse que devia atravessar a Ilha de Wight." "Sim, querida", respondeu mrs. Norris, "mas você e sua irmã são abençoadas com uma memória maravilhosa, e sua prima provavelmente não tem nenhuma. Você deve levar isso em consideração e ter piedade de sua deficiência."

Jane Austen, contudo, leva um pouco mais de tempo para decidir quem é deficiente e em quê. Por uma década ou mais, ela segue pacientemente Fanny pelos corredores e salões de recepção de Mansfield Park, ela a ouve andar pelos jardins e, em seu quarto, ela lê suas cartas, bisbilhota suas observações sobre a família, observa-lhe os movimentos dos olhos e da boca; ela lhe perscruta a alma. E nesse processo ela adquire uma virtude rara e discreta.

Ao contrário de Julia ou Maria, Fanny não está preocupada se um jovem tem uma mansão e um título, fica ofendida com a crueldade casual e a arrogância do primo Tom e se retrai com as considerações financeiras da tia em relação aos vizinhos. Enquanto isso, os parentes de Fanny, que têm uma posição tão alta na hierarquia rural padrão, são colocados numa posição incômoda em um outro sistema de status: a hierarquia de preferências da autora. Maria e o seu pretendente, mr. Rushworth, podem ter cavalos, casas e heranças, mas Jane Austen viu como eles se apaixonaram e não se esquece disso:

"Mr. Rushworth ficou impressionado com a beleza de Miss Bertram no instante em que a viu e, sendo inclinado a se casar, logo se fantasiou apaixonado. Tendo agora 21 anos, Maria Bertram estava começando a considerar o matrimônio um dever; e como um casamento com mr. Rushworth lhe daria o prazer de uma renda maior do que a de seu pai, bem como garantiria a ela uma casa na cidade, tornou-se seu dever óbvio se casar com o pretendente, se ela conseguisse."

O *Who's Who* ou o *Debrett's Guide to the Top Families of England* podia ter tido Maria e mr. Rushworth em alta conta. Depois desse parágrafo, Austen não pode mais pensar da mesma forma – e nem deixará que seus leitores pensem. A romancista troca a lente padrão através da qual as pessoas são vistas em sociedade, uma lente que amplia a riqueza e o poder, por uma lente moral, que amplia as qualidades do caráter. Por essa lente, o alto e poderoso pode se tornar pequeno, as figuras esquecidas e retraídas podem se tornar grandes. No mundo do livro, a virtude se espalha sem considerar a riqueza material. Os ricos, de boas maneiras, não são consequentemente bons, nem os pobres e sem instrução, maus. A bondade pode estar na criança aleijada e feia, no porteiro miserável, no corcunda do sótão ou na moça que ignora informações básicas de geografia. Certamente Fanny não tem vestidos elegantes, não tem dinheiro e não fala francês, mas no fim de *Mansfield Park* revela-se que ela tem alma nobre, enquanto os outros membros de sua família, apesar de seus títulos e realizações, caem na vergonha moral. Sir Thomas Bertram deixou que o esnobismo arruinasse a educação dos filhos, as filhas se casaram por dinheiro e pagaram um preço emocional por essa decisão e a esposa deixou o coração se transformar em pedra. O sistema hierárquico de Mansfield Park foi virado de cabeça para baixo.

Mas Austen não apenas afirma seu conceito de hierarquia verdadeira com a franqueza de um pregador, ela faz com que sintamos simpatia por ele e aversão pelo oposto com a habilidade e o humor de uma grande romancista. Ela não nos diz por que seu senso de prioridades é importante, ela nos mostra por que, no contexto de uma história que também nos faz rir e nos prende a atenção, queremos terminar o jantar cedo para ler o livro. Quando chegamos ao fim de Mansfield Park, somos convidados a voltar ao mundo do qual Austen nos puxou e a responder aos outros como ela nos ensinou, aprendendo a rejeitar a cobiça, a arrogância e o orgulho e a nos deixar levar pela a bondade que há em nós e nos outros.

Austen, modesta e notoriamente, descreveu sua arte como "um pedacinho (de cinco centímetros) de marfim em que trabalho com um pincel tão fino que produzo pouco efeito depois de muito trabalho", mas seus romances são inundados de ambições maiores. Sua arte é uma tentativa, que ela chamou de estudo de "três ou quatro famílias de uma aldeia rural", de criticar e alterar a nossa vida.

2

Austen não estava sozinha em suas ambições. Em quase todo grande romance dos séculos XIX e XX encontramos um ataque à hierarquia social padrão, ou um ceticismo em relação a ela, e uma redefinição de preferência de acordo com qualidades morais em vez de ativos financeiros e linhagem sanguínea. Somente em raras ocasiões os heróis e heroínas de ficção são aqueles a quem o *Debrett's* e o *Who's Who* dariam prioridade. O primeiro tornou-se de certa forma o último e o último de certa forma o primeiro. Em *O pai Goriot*, de Balzac (1834), não é para Madame de Nucingen, com sua casa enfeitada, que nossas simpatias se voltam, é para o velho e desdentado Goriot, passando os dias em uma casa de pensão pútrida. Em *Judas, o obscuro*, de Hardy (1895), não são os professores de Oxford que respeitamos, são os pedreiros pobres e ignorantes que consertam as gárgulas dos prédios da universidade.

Por testemunharem vidas ocultas, os romances podem agir como contrapesos criativos para as concepções dominantes de hierarquia. Eles podem revelar que a criada que serve o almoço é uma criatura de rara sensibilidade e grandeza moral, enquanto o coração do barão que ri estridentemente e tem uma mina de prata é seco e árido.

Se somos inclinados a esquecer a lição, é em parte porque o que há de melhor nos outros só raramente pode se expressar no tipo de realização externa que atrai e prende nossa atenção comum e errante. George Eliot começou *Middlemarch* (1872) discutindo essa tendência a admirar somente as proezas óbvias, traçando uma comparação improvável entre o status de sua heroína e o de santa Teresa de Ávila (1512-82). Por causa da sorte e das circunstâncias, já que provinha de uma família rica e bem relacionada, santa Teresa – lembra-nos Eliot – foi capaz de incorporar sua bondade e criatividade em atos concretos. Ela fundou dezessete conventos, comunicou-se com os intelectos mais devotos de sua época, escreveu uma autobiografia e vários tratados sobre oração e visão, tornou-se uma das principais santas da Igreja Católica e uma de suas grandes místicas. Na época de sua morte, o status de Teresa refletia as virtudes de seu caráter. Mas George Eliot nos lembrou de quanta gente no mundo, pessoas não menos inteligentes ou criativas do que a santa espanhola, não conseguiu exteriorizar suas qualidades em grandes atos, por uma combinação de seus próprios erros e condições sociais insatisfatórias, e que foram, portanto, condenadas a suportar um status que não condizia com o seu eu interior. "Nasceram muitas Teresas que não encontraram para si vidas épicas; só uma vida de enganos, o resultado de certa grandeza espiritual mal entrosada com uma pobreza de oportunidades", escreve Eliot. É a vida de uma dessas mulheres, Dorothea Brooke, vivendo em uma cidade inglesa na primeira metade do século XIX, que *Middlemarch* passa a contar. O romance oferece uma crítica do hábito do mundo de desprezar o que Eliot chama de "grandeza espiritual", esteja ela relacionada ou não com "façanhas muito reconhecidas".

Dorothea pode ter muitas das virtudes de santa Teresa, mas elas não são vistas por um mundo atento apenas aos símbolos de status. Porque ela se casa com um clérigo doente e, pouco mais de um ano após a morte dele, desiste de sua propriedade para se casar com o primo do falecido marido (que não tem bens e não é bem-nascido), a sociedade insiste que Dorothea não pode ser uma "boa mulher", fofoca sobre ela e evita sua companhia. "Certamente os atos que determinaram sua vida não foram idealmente belos", admite Eliot. "Eles foram o resultado da luta entre um impulso nobre e as condições de um estado social imperfeito." Mas, escrevendo algumas das linhas mais arrebatadoras da ficção inglesa do século XIX, Eliot nos pede para olhar além do casamento socialmente inaceitável de Dorothea e da sua falta de realizações para reconhecer que, de uma forma doméstica e

Status na vida — Status em romances

ROMANCE AUTOR	STATUS ALTO NO ROMANCE, STATUS BAIXO NA VIDA	STATUS ALTO NA VIDA, STATUS BAIXO NO ROMANCE
Joseph Andrews (1742) Henry Fielding	Joseph Andrews Parson Adams	Lady Booby Parson Trulliber
A feira das vaidades (1848) William Thackeray	William Dobbin Amelia Sedley	Becky Sharp Jos Sedley George Osborne Sir Pitt Crawley Rawdon Crawley
Casa soturna (1853) Charles Dickens	Esther Summerson Jo Bucket	Os Dedlocks Sr. Chadband Sra. Jellyby Richard Carstone
The Woman in White (1860) Wilkie Collins	Anne Catherick Marian Halcombe	Sir Percival Glyde Conde Fosco Frederick Fairlie
The Way We Live Now (1875) Anthony Trollope	Paul Montague Sr. Brehgert John Crumb	Augustus Melmotte Marie Melmotte Sir Felix Carbury Dolly Longestaffe Georgiana Longestaffe Lorde Nidderdale

circunscrita, seu caráter não é menos santificado que o de santa Teresa de Ávila: "Seu espírito delicado tem controvérsias refinadas, muito embora não fossem amplamente visíveis. Toda a sua natureza se expressou por meios que não tinham um grande reconhecimento na terra. Mas o efeito de seu ser sobre aqueles que a cercavam espalhava-se profusamente: pois o crescente bem do mundo depende em parte de atos não históricos; e se as coisas não são tão ruins para você e para mim como poderiam ser, isso se deve em parte aos que vivem uma vida oculta e repousam em túmulos não visitados".

Essas são linhas que podem ser ampliadas para definir toda uma concepção do que é o romance: um meio artístico para nos ajudar a entender e apreciar o valor de toda vida oculta que repousa em um túmulo não visitado. "Se a arte não amplia a compaixão dos homens, ela nada faz moralmente", sabia George Eliot.

Em *Dentes brancos*, de Zadie Smith (2000), conhecemos Samad, um bangladeshiano de meia-idade empregado como garçom em um restaurante indiano. Ele é tratado com grosseria pelos superiores, trabalha até as três da madrugada e tem de servir clientes rudes que o recompensam com gorjetas de quinze centavos por seus serviços. Samad sonha em recuperar a dignidade, em escapar das consequências materiais e psicológicas de seu status pouco elevado. Ele deseja alertar os outros para as riquezas que tem dentro de si mesmo, invisíveis aos clientes, que mal olham para cima quando fazem seus pedidos ("Peixe com salada, por favor" e "Frango frito com fritas, obrigado"). Ele se imagina usando uma placa em torno do pescoço, um cartaz branco que diria em caracteres grandes o bastante para que todo mundo os visse:

NÃO SOU UM GARÇOM. FUI UM ESTUDANTE, UM CIENTISTA, UM SOLDADO, MINHA MULHER SE CHAMA ALSANA, MORAMOS NA ZONA LESTE DE LONDRES MAS GOSTARÍAMOS DE NOS MUDAR PARA A ZONA NORTE. SOU MUÇULMANO, MAS ALÁ ME ABANDONOU OU EU ABANDONEI ALÁ, NÃO SEI BEM. TENHO UM AMIGO – ARCHIE – E OUTROS. TENHO 49 ANOS, MAS AS MULHERES AINDA SE VIRAM NA RUA PARA ME OLHAR, ÀS VEZES.

Ele não adquire uma placa dessas, mas consegue uma coisa melhor, um romancista que lhe dá voz. O romance no qual Samad aparece é de certo modo uma placa gigante que ajudará a tornar um pouco mais difícil para os leitores pedir frango frito com fritas de um jeito casualmente indiferente, casualmente desumano. Ao ler o romance, nossa compaixão será expandida; a história do romance talvez nada mais seja que uma longa procissão de placas que dizem ao mundo:

NÃO SOU SÓ UM GARÇOM, UM DIVORCIADO, UM ADÚLTERO, UM HOMEM SEM EDUCAÇÃO, UMA CRIANÇA PECULIAR, UM ASSASSINO, UM CONDENADO, UM FRACASSO NA ESCOLA OU UMA PESSOA TÍMIDA COM NADA PARA DIZER DE SI MESMO.

3

As pinturas também podem questionar a compreensão normal do mundo sobre quem e o que é importante.

Jean-Baptiste Chardin pintou o quadro *Refeição para um convalescente* em 1746. Uma mulher completamente vestida de pé em uma sala mal mobiliada, descascando um ovo pacientemente para um doente que não podemos ver. É um momento comum na vida de uma pessoa comum. Por que pintar uma coisa dessas? Em grande parte da carreira de Chardin, os críticos concordaram com o teor cético da pergunta. Ele era um pintor talentoso que misteriosamente decidira dedicar sua atenção a pães, pratos quebrados, facas e garfos, maçãs e peras, bem como a personagens da classe média ou trabalhadora levando a vida em cozinhas e quartos simples.

Certamente não era isso que um grande artista devia pintar, de acordo com as regras da arte prescritas pela Academia Francesa de Pintura. Desde sua fundação por Luís XIV em 1648, a Academia tinha organizado os diferentes gêneros de pintura em uma hierarquia de importância. Em seu topo, vinha a pintura histórica: telas que expressavam a nobreza da Grécia e da Roma antigas ou retratavam histórias morais da Bíblia. Depois vinham os retratos, especialmente de reis e rainhas. Em seguida as paisagens e, por último, vinha o que era desdenhosamente descrito como "pinturas de gênero", vidas domésticas de pessoas que não eram nobres. A hierarquia artística copiava diretamente a hierarquia social do mundo para além do ateliê dos artistas, onde um rei em um cavalo inspecionando suas propriedades era considerado naturalmente superior a uma mulher vestida com simplicidade descascando um ovo.

Mas na arte de Chardin há uma subversão implícita de qualquer visão da vida que possa desprezar o valor dos cuidados domésticos de uma mulher ou até mesmo de uma peça de cerâmica velha refletindo a luz do sol da tarde ("Chardin nos ensinou que uma pera pode ser tão cheia de vida quanto uma mulher, que um vaso é tão belo quanto uma pedra preciosa", Marcel Proust).

Ao longo da história da pintura, encontramos alguns talentos que seguiram Chardin, verdadeiros antídotos para nossas concepções habituais sobre o que é importante. Por

Jean-Baptiste Chardin, *Refeição para um convalescente*, 1746

exemplo, o pintor galês Thomas Jones, que trabalhou na Itália, primeiro em Roma e depois em Nápoles, entre 1776 e 1783. Foi em Nápoles, no início de abril de 1782, que Jones concluiu o que podem ser dois dos maiores óleos sobre papel da arte ocidental, *Telhados, Nápoles* (em exposição no Museu Ashmolean, em Oxford) e *Construções em Nápoles* (no Museu Nacional do País de Gales, Cardiff).

As cenas que Jones retrata são comuns em muitas cidades mediterrâneas, onde as casas se apertam em ruas

Thomas Jones, *Telhados, Nápoles*, 1782

estreitas e expõem os flancos nus de prédios vizinhos. No calor de uma tarde quente, as ruas tendem a ser silenciosas, e as janelas ficam entreabertas. Pode-se vislumbrar o contorno de uma mulher se mexendo dentro de um quarto e de um homem dormindo em outro. Ocasionalmente, pode-se ouvir o choro de uma criança ou o farfalhar de uma velha pendurando a roupa lavada em um terraço com um corrimão enferrujado.

Jones nos mostra a luz intensa do sol batendo nas paredes de estuque lascadas e desbotadas, a luz ressaltando cada rachadura ou fenda e evocando a passagem do tempo com tanta eficácia quanto as mãos rudes e pálidas de um pescador; o tempo durante o qual as estações terão se sucedido, o calor do verão inerte, vazio e morto dando lugar às furiosas tempestades do inverno que, depois de uma aparente eternidade, terá cedido a vez a uma fraca luz solar da primavera. A pedra e o estuque de Jones revelam seu parentesco com a argila, o reboco e os frag-

Thomas Jones, *Construções em Nápoles*, 1782

mentos de pedra corroída das encostas mediterrâneas. A confusão de prédios nos dá a impressão de uma cidade onde uma multiplicidade de vidas se desenrola em cada janela, vidas não menos complicadas que aquelas retratadas nos grandes romances, vidas de paixão, tédio, diversão e desespero.

Como mal percebemos os telhados, como nossos olhos são atraídos com facilidade para os encantos mais resplandecentes de um templo romano ou uma igreja renascentista, Jones ergue a cena ignorada para nossa contemplação e transmite sua beleza visível, de forma que

Christen Købke, *Vista da margem do lago Sortedam*, 1838

nunca mais os telhados do sul deixarão de ter valor em nossa compreensão da felicidade.

O pintor dinamarquês do século XIX Christen Købke foi também um grande artista com uma concepção subversiva do que devemos considerar valoroso. Entre 1832 e 1838, Købke viajou pelos subúrbios, ruas e

Christen Købke, *Telhado do Castelo de Frederiksborg*, 1834-5

jardins de sua Copenhague natal. Pintou duas vacas ruminando no campo em uma tarde de verão. Apreendeu dois homens e suas mulheres nas margens de um lago, desembarcando de seu pequeno veleiro em uma tardinha onde a noite aparece sem pressa alguma para cobrir a terra e deixa um eco de luz do dia pairando por uma aparente eternidade no vasto céu (onde uma lua pode ter acabado de aparecer), uma luz que pressagia uma noite suave, em que as janelas poderão ser deixadas abertas ou será possível dormir do lado de fora, sobre mantas na grama. Ele capturou também a vista de um telhado do castelo de Frederiksborg, dando para uma bela colcha de retalhos de campos, jardins e fazendas; uma imagem de uma comunidade organizada, satisfeita com os prazeres apreendidos da vida comum.

Como no trabalho de Chardin e Jones, há um desafio embutido na arte de Købke às ideias materiais dominantes sobre o que é importante. Os três artistas parecem sugerir que, se o céu de uma tarde de verão, uma parede rachada aquecida pelo sol ou uma mulher desconhecida descascando um ovo para um doente estão entre as visões mais adoráveis que podemos esperar ter, então teremos de duvidar do valor de grande parte do que aprendemos a respeitar e a aspirar.

Pode parecer artificial encontrar um plano quase político em um vaso sobre uma mesinha ou uma vaca no campo, mas a moral de uma obra de Købke, Jones ou Chardin pode ir muito além do que estamos preparados para atribuir a peças de tecido ou papel pintados. Como Jane Austen ou George Eliot, os grandes artistas da vida cotidiana podem nos ajudar a corrigir uma gama de concepções esnobes do que há para ser estimado e honrado no mundo.

Christen Købke, *Vista dos arredores do Lime Kiln*, 1834-1835

Tragédia

1

O medo de fracassar no trabalho talvez não fosse tão grande se não houvesse uma consciência da frequência com que o fracasso tende a ser visto e interpretado com severidade pelos outros. O medo das consequências materiais do fracasso vem do medo de uma atitude insensível do mundo em relação ao fracasso, de sua inclinação obsessiva a chamar àqueles que fracassaram de "perdedores" – uma palavra que insensivelmente designa tanto as pessoas que fracassaram quanto aquelas que deixaram de ter qualquer direito à compaixão por terem fracassado.

O tom no qual a maioria das vidas arrasadas é discutida é tão implacável que, se os protagonistas de muitas obras de arte – Édipo, Antígona, Lear, Otelo, Emma Bovary, Anna Karenina, Hedda Gabler ou Tess – tivessem seu destino julgado por um grupo de colegas ou velhos conhecidos de escola, seria pouco provável que se dessem bem. Poderiam ter um tratamento ainda pior se os jornais tivessem escrito isto:

Otelo:	"Imigrante enlouquecido de amor mata filha de senador"
Madame Bovary:	"Adúltera consumista bebe arsênico por fraude em cartão de crédito"
Édipo Rei:	"Cego por fazer sexo com a mãe"

Se existe alguma incongruência nessas manchetes, é porque estamos acostumados a pensar nos indivíduos a que se referem como inerentemente complexos, merecedores de uma atitude solene e respeitosa em vez da atitude lasciva e condenatória que os jornais raramente hesitam em atribuir a suas vítimas.

Mas, na verdade, nada há nesses personagens que os faça objetos inevitáveis de consideração e respeito. Que os lendários personagens fracassados da arte nos parecem nobres pouco tem a ver com suas qualidades e quase tudo a ver com o modo como aprendemos a considerá-los graças a seus criadores e cronistas.

Há uma determinada forma de arte que se dedicou, desde o começo, a contar histórias de grandes fracassos sem recorrer à zombaria ou à crítica. Embora não absolva as pessoas da responsabilidade por seus atos, sua façanha foi oferecer aos envolvidos em catástrofes – políticos em desgraça, assassinos, falidos, compulsivos emocionais – um nível de compaixão devido (mas poucas vezes prestado) a todo ser humano.

2

A arte trágica começou nos teatros da Grécia antiga no século VI a.C. e seguia um herói, em geral bem-nascido, um rei ou um guerreiro famoso, da prosperidade e aclamação à ruína e à vergonha, por causa de algum erro que tenha cometido. Provavelmente a história era contada para deixar os membros do público ao mesmo tempo hesitantes em condenar o herói pelo que lhe aconteceu e humilhados por reconhecerem com que facilidade eles também podiam, um dia, ser arruinados se viessem a ter de encarar uma situação semelhante àquela enfrentada pelo herói. A tragédia os deixaria pesarosos frente às dificuldades de levar uma boa vida e modestos diante daqueles que fracassaram nesse empreendimento.

Se o jornal, com sua linguagem de pervertidos e estranhos, perdedores e fracassados, está em um extremo do espectro da compreensão, então é a tragédia que está no outro – incorporando uma tentativa de formar ligações entre a culpa e a inocência aparente, desafiando nossas concepções comuns de responsabilidade, permanecendo como o relato mais psicologicamente sofisticado e mais respeitoso de como um ser humano pode ser desonrado sem, ao mesmo tempo, perder o direito de ser ouvido.

3

Em sua *Poética* (c. 350 a.C.), Aristóteles tentou definir os componentes centrais de uma tragédia eficaz. É necessário um personagem central, disse ele, a ação tem de se desenrolar em um espaço de tempo relativamente estreito e, o que não é de surpreender, "a mudança na sorte do herói" tem de ser "não da infelicidade à felicidade", mas o contrário, "da felicidade à infelicidade".

Mas havia dois outros requisitos mais eficazes. Um herói trágico tinha de ser alguém que não fosse especialmente bom nem especialmente mau, um tipo de ser humano comum no nível ético, alguém de fácil relacionamento, uma pessoa que combinasse uma gama de boas qualidades com certos defeitos, talvez orgulho excessivo, raiva ou impulsividade. Esse personagem cometeria então um erro espetacular, não por qualquer motivo maldoso profundo, mas pelo que Aristóteles denominou em grego de *hamartia*, ou lapso de julgamento, uma cegueira temporária, ou um deslize factual ou emocional. E a partir daí adviria a mais terrível *peripeteia*, ou reverso da fortuna, durante a qual o herói perderia tudo que lhe fosse querido e quase certamente pagaria com a vida.

A piedade pelo herói e o medo por nós mesmos baseado na identificação com ele seriam o resultado emocional natural ao acompanharmos a história. A obra trágica nos educaria para que adquiríssemos modéstia sobre nossa capacidade de evitar o desastre e ao mesmo tempo nos guiaria para a solidariedade em relação aos que o vivenciaram. Deveríamos sair do teatro sem nenhuma inclinação para adotar de novo um tom superior e fácil em relação aos decaídos e fracassados.

O *insight* de Aristóteles é que a solidariedade que sentimos pelos fiascos dos outros quase sempre tem origem na percepção óbvia da facilidade com que também podemos, sob certas circunstâncias, nos envolver em uma calamidade como a deles; assim como nossa solidariedade diminui proporcionalmente ao grau em que seus atos dão a impressão de que estão fora de nossas possibilidades. Como uma pessoa normal e sadia faria aquilo?, podemos pensar ao ouvir sobre personagens que se casaram precipitadamente, dormiram com membros de suas próprias famílias, assassinaram seus amantes em frenesis de ciúmes, mentiram para empregadores, roubaram dinheiro ou permitiram que um caráter avarento arruinasse suas carreiras. Se confiamos numa parede sólida separando nossa natureza da situação dos outros, sentados na sela gasta de nosso cavalo alto, a capacidade para a tolerância é substituída pela frieza e pelo escárnio.

Mas a tragédia nos aproxima de uma verdade quase desagradável: toda tolice de que um ser humano teve culpa ao longo da história pode ter sua origem em aspectos de nossa própria natureza, pois trazemos em nós toda a condição humana, em seus piores e melhores aspectos, de forma que também é possível que sejamos capazes de qualquer coisa sob as circunstâncias corretas ou sob as erradas. Uma vez que um público tenha sido levado a ver esse fato, pode descer de boa vontade de seu cavalo alto e sentir um aumento em sua capacidade de sentir solidariedade e ter humildade; reconhecendo a facilidade com que sua própria vida pode ser despedaçada se alguns de seus traços de caráter mais lamentáveis, que até então não o levaram a nenhum acidente sério, um dia vierem a entrar em contato com uma situação que dê a essas falhas um domínio ilimitado e catastrófico – deixando-o não menos envergonhado e desafortunado do que o infeliz personagem vitimado pela manchete: "Cego por fazer sexo com a mãe".

4

A peça que se ajustou mais perfeitamente à concepção de Aristóteles da forma de arte trágica foi *Édipo Rei*, de Sófocles, representada pela primeira vez em Atenas no Festival de Dionísio, na primavera de 430 a.C.

O herói de Sófocles, Édipo, rei de Tebas, é adorado pelo povo por seu governo benevolente e por ter vencido a Esfinge, que ameaçara a cidade por muitos anos, façanha essa que lhe rendeu o trono. Mesmo assim, o rei não é perfeito. É impetuoso e tende à ira. Muitos anos antes do começo da peça, um impulso o levara a matar um velho teimoso que se recusara a sair de seu caminho na estrada para Tebas. Mas o incidente fora esquecido, porque rapidamente ocorreram a vitória de Édipo sobre a Esfinge, um período de prosperidade e segurança para a cidade, bem como o casamento de Édipo com a bela Jocasta, viúva de seu predecessor, o rei Laio, que morrera em circunstâncias inexplicadas em uma luta com um jovem na estrada para Tebas.

Todavia, quando a peça começa, um novo desastre cai sobre a cidade. Uma praga peculiar, para a qual não encontravam cura, está destruindo a população. Desesperado, o povo volta-se para a família real em busca de ajuda. O cunhado de Édipo, Creonte, é despachado para procurar respostas no oráculo de Apolo em Delfos, que explica em aforismos que a cidade está sendo punida por algo impuro que traz dentro dela. Creonte e outros da corte concluem que deve ser uma alusão ao assassinato não resolvido do monarca anterior. Édipo concorda e jura que cuidará pessoalmente para que encontrem o assassino e que ele seja punido sem piedade.

A face de Jocasta se ensombrece quando ouve isso. Como se pela primeira vez ela se lembrasse de outra profecia de muito tempo atrás: seu primeiro marido, Laio, seria morto pelo próprio filho. Para evitar o perigo, quando ela e o velho rei tiveram um menino, o bebê foi levado à encosta de uma montanha e lá abandonado para morrer. Mas o pastor que fora encarregado da tarefa ficou com pena da criança e a entregou ao rei de Corinto para adoção. Quando o menino chegou à maturidade, um oráculo revelou ao rei e à rainha que seu filho mataria o pai e se casaria com a mãe. Édipo teve então de deixar a cidade para viajar pela Grécia, terminando em Tebas, onde se tornou governante depois de ter derrotado a Esfinge – e, em um incidente lamentável, derrotara também um velho teimoso que lhe tinha bloqueado o caminho em uma estrada para a cidade.

Jocasta, a primeira a reconhecer o que tinha acontecido, retira-se para seus aposentos no palácio real e se enforca. Édipo descobre o corpo dela balançando, preso às vigas do teto, desce-o e fura os próprios olhos com o broche do vestido de Jocasta. Abraça as duas filhas, Ismene e Antígona, jovens demais para entender a catástrofe em que os pais estão envolvidos, e vai para o exílio, vagando pela terra em ignomínia até a morte.

5

Podemos replicar que matar o pai e casar-se com a própria mãe dificilmente são erros de julgamento que muitos de nós podemos cometer. Mas as dimensões extraordinárias da *hamartia* de Édipo não depreciam as características mais universais da peça. A história de Édipo nos afeta à medida que reflete aspectos chocantes de nosso próprio caráter e nossa condição: o modo como erros aparentemente pequenos podem ter a mais grave das consequências, nossa ignorância em relação a nossos atos, nossa tendência a pressupor que temos controle consciente do destino; a velocidade com que tudo que amamos pode ser perdido; as forças obscuras e desconhecidas, que Sófocles intitulou "fado", contra as quais nossos fracos poderes de razão e previsão são corroídos. Édipo não ficara isento de erro. Sua arrogância o levara a acreditar ter escapado das profecias do oráculo, e ele aceitou preguiçosamente a alta estima de seus súditos. Seu orgulho e temperamento esquentado o levaram a ter uma briga com o rei Laio, e uma covardia emocional evitou que ele relacionasse esse assassinato com as profecias. Sua hipocrisia o fez ignorar o crime por muitos anos e o levou depois a responsabilizar Creonte por sugerir sua culpa.

Mas mesmo que Édipo tivesse responsabilidade pelo próprio destino, na obra trágica é insustentável condená-lo. A obra trágica partilha a culpa com ele sem negar-lhe solidariedade. Como Aristóteles imaginou, os membros do público saem do auditório consternados mas comovidos, assombrados com as implicações universais da mensagem final do coro da peça:

> Povo de Tebas, meus compatriotas, olhem para Édipo.
> Ele resolveu seu famoso enigma com brilhantismo,
> Ascendeu ao poder, um homem além de todo poder.
> Quem pode ver sua grandeza sem inveja?
> Agora que um mar negro de terror o dominou.
> Agora quando mantemos vigília e esperamos o dia final,
> Confie que nenhum homem é feliz até que morra, ao
> menos liberto da dor.

6

Se uma obra trágica nos permite experimentar uma consideração pelo fracasso dos outros maior que a que costumamos sentir, é sobretudo porque ela nos leva a sondar as origens do fracasso. Nesse contexto, saber mais é necessariamente entender e perdoar mais. Uma obra trágica nos guia com habilidade através dos degraus minúsculos e com frequência inocentes que ligam a prosperidade de um herói ou heroína à sua queda e do relacionamento perverso entre intenções e resultados. No processo, é improvável que conservemos por muito tempo o tom indiferente ou vingativo a que podemos ter recorrido quando meramente lemos os fatos mais importantes de uma história de fracasso em um jornal.

No verão de 1848, um exemplo lapidar apareceu em muitos jornais em toda a Normandia. Uma mulher de 27 anos chamada Delphine Delamare, nascida Couturier, morando na cidadezinha de Ry, perto de Rouen, por estar insatisfeita com a rotina da vida de casada, contraíra muitas dívidas com roupas supérfluas e utilidades domésticas e começara um caso, até que, sob pressão emocional e financeira, acabou dando fim à própria vida bebendo arsênico. Madame Delamare deixou uma filha pequena e um marido atormentado, Eugène Delamare, que tinha estudado medicina em Rouen antes de assumir o cargo de diretor de saúde de Ry, onde era amado por seus clientes e respeitado pela comunidade.

Um dos leitores do jornal era o aspirante a romancista Gustave Flaubert, então com 27 anos. A história de madame Delamare permaneceu nele, tornou-se uma espécie de obsessão, seguiu-o em uma viagem pelo Egito e pela Palestina até que, em setembro de 1851, ele pôs-se a trabalhar em *Madame Bovary*, publicado em Paris seis anos depois.

Uma das muitas coisas que aconteceram quando madame Delamare, a adúltera de Ry, transformou-se em madame Bovary, a adúltera de Yonville, foi que sua vida deixou de ter as dimensões de uma história moral em preto e branco. Como uma matéria de jornal, o caso de Delphine Delamare foi tomado pelos comentaristas conservadores provincianos como um exemplo do declínio do respeito pelo casamento entre os jovens, da crescente comercialização da sociedade e da perda dos valores religiosos. Mas, para Flaubert, a arte era a antítese do moralismo crasso. Era um reino em que as motivações e o comportamento humanos podiam ser explorados em uma profundidade que zombava de qualquer tentativa de construir santos ou pecadores. Os leitores do romance de Flaubert podiam observar as ideias ingênuas de Emma sobre o amor, mas também sabiam de onde elas vinham: elas a seguiram desde a infância, leram por sobre seu ombro no convento, sentaram-se com ela e o pai durante as longas tardes de verão em Tostes, em uma cozinha onde se ouvia o som de porcos e galinhas que vinha do quintal. Eles observaram Emma e Charles caindo em um casamento mal entrosado. Viram como Charles fora seduzido pela própria solidão e pelos encantos físicos de uma jovem mulher e como Emma fora impelida por seu desejo de escapar de uma vida enclausurada e por sua falta de experiência com homens fora da literatura romântica de terceira. Os leitores podiam se solidarizar com as queixas de Charles contra Emma e com as queixas de Emma contra Charles. Flaubert parecia quase deliberadamente se aproveitar do desejo dos leitores de encontrar respostas agradáveis. Ao mesmo tempo em que apresenta Emma sob uma luz positiva, ele a descreve com um tom irônico. Mas aí, enquanto os leitores estavam perdendo a paciência com ela, quando achavam que ela nada mais era que uma hedonista egoísta, ele os traz de volta para Emma, conta-lhes algo sobre sua sensibilidade que os faz chorar. No momento em que Emma perde seu status na comunidade, derrama arsênico na boca e se deita na cama para esperar pela morte, poucos leitores têm ânimo para julgá-la.

Terminamos o romance de Flaubert com medo e tristeza por sermos feitos para viver antes que possamos saber como, pela limitação de nossa compreensão de nós mesmos e dos outros, porque as consequências de nossos atos são grandes e catastróficas, e pelo grau a que nossa comunidade pode ser impiedosa e intransigente em resposta a nossos erros.

7

Como leitores ou espectadores de uma obra trágica, ficamos, até onde é possível, distantes do espírito da manchete: "Adúltera consumista bebe arsênico". A tragédia nos inspira a abandonar a perspectiva simplificada da vida sobre fracasso e derrota e nos torna generosos com a tolice e com as transgressões endêmicas a nossa natureza.

Um mundo onde as pessoas tenham absorvido as lições implícitas na arte trágica seria um mundo onde as consequências de nossos fracassos deixariam necessariamente de pesar tanto sobre nós.

Comédia

1

O verão de 1831 encontrou o rei Luís Filipe da França com um espírito confiante. O caos político e econômico da Revolução de julho, que o levara ao poder um ano antes, dera lugar à prosperidade e à ordem. Ele tinha nomeado uma equipe competente de funcionários liderados pelo primeiro-ministro Casimir Périer; viajara pelo norte e leste do reino e fora recebido como herói pela classe média da província. Vivia em esplendor no Palais-Royal, em Paris; banquetes eram servidos em sua homenagem

Ary Scheffer, rei Luís Filipe da França, 1835

toda semana; ele adorava comer (especialmente foie gras e carne de caça); tinha uma enorme fortuna pessoal, uma mulher adorável e filhos.

Mas aconteceu uma coisa para atrapalhar a serenidade de Luís Filipe. No fim de 1830, um artista desconhecido de 28 anos, que atendia pelo nome de Charles Philipon, tinha lançado uma revista satírica, *La Caricature*, em que representava a cabeça do rei, que ele acusava de corrupção e incompetência em larga escala, na forma de uma pera. Não só as charges de Philipon aludiam maldosamente às bochechas inchadas do rei e a sua testa bulbosa, como a palavra francesa *poire*, que significa estúpido ou bobo, indicava simplesmente uma atitude menos que respeitosa em relação à capacidade de administração de Luís Filipe.

O rei ficou enfurecido. Instruiu seus agentes a impedir a produção da revista e a comprar todos os exemplares dos quiosques parisienses. Como isso não foi o bastante para deter Philipon, em novembro de 1831 o caricaturista foi acusado de ter "causado ofensa à pessoa do rei" e convocado a comparecer a julgamento em Paris. Falando diante de uma câmara lotada, Philipon agradeceu aos perseguidores por prenderem um homem perigoso como ele, mas assinalou que o governo tinha sido negligente em sua busca pelos detratores do rei. Devia ser prioridade tentar prender qualquer coisa na forma de uma pera e até as próprias peras deviam ser trancafiadas. Havia milhares delas em árvores em toda a França, cada uma daquelas frutas era um criminoso adequado para o cárcere, zombou Philipon. O tribunal não achou graça. Ele foi mandado para a prisão por seis meses e, quando repetiu a piada da pera em uma nova revista, *Le Charivari*, no ano seguinte, foi colocado direto na cadeia de novo – passando, ao

todo, dois anos atrás das grades por ter desenhado o monarca como uma fruta.

Três décadas antes, Napoleão Bonaparte, na época o homem mais poderoso da Europa, tinha se sentido igualmente vulnerável diante do humor. Ao chegar ao poder em 1799, ordenou o fechamento de todos os jornais satíricos de Paris e disse ao chefe de polícia Joseph Fouché que não toleraria cartunistas tomando liberdades com a sua aparência. Preferia deixar a sua representação visual a cargo de Jacques-Louis David. Tinha pedido ao grande pintor para retratá-lo liderando exércitos pelos Alpes, parecendo heroico sobre um cavalo. Tão satisfeito ficou com o resultado, *Napoleão atravessando Saint-Bernard* (1801), que voltou a David e lhe pediu para pintar o apogeu de seu triunfo, sua coroação em Notre Dame, em dezembro de 1804. Foi uma ocasião de grande pompa. Todas as pessoas importantes da França estavam reunidas na catedral, o papa Pio VII estava presente, representantes dos principais países da Europa vieram prestar seus respeitos e a música foi composta especialmente por Jean-François Lesueur.

Abençoando Napoleão, o papa disse a uma catedral silenciosa: "*Vivat imperator in aeternam.*" David concluiu sua interpretação da cena, *Le Sacre de Joséphine*, em novembro de 1807 e a ofereceu "a meu ilustre senhor". Napoleão ficou em júbilo, condecorou David com a Legião de Honra "por serviços prestados à arte" e disse a ele, enquanto lhe fixava uma medalha no peito: "Você trouxe o bom gosto de volta à França".

Mas nem todos os artistas viam Napoleão como David. Alguns anos antes de *Le Sacre de Joséphine*, o caricaturista inglês James Gillray havia desenhado grande parte da mesma cena, intitulando-a *A grande procissão de coroação de Napoleão, o 1º imperador da França* (1805).

Jacques-Louis David, *Le Sacre de Joséphine*, 1807

Ninguém o chamou para receber uma Legião de Honra por devolver o bom gosto à França.

O desenho mostrava um imperador vaidoso, inchado e empertigado, liderando um grupo de lacaios, aduladores e prisioneiros. O papa Pio VII estava lá, mas, ao contrário da versão de David, o papa de Gillray abrigava em seu manto um menino cantor, que está tirando sua máscara para revelar a face do diabo. Joséphine, longe da donzela de rosto jovem pintada por David, era um balão com cicatrizes de acne. Puxando o comboio do imperador estavam representantes dos países que Napoleão tinha conquistado: Prússia, Espanha e Holanda. Eles pareciam não estar ali de bom grado. Atrás deles, filas de soldados algemados – esse não era um imperador a quem o povo tinha outorgado o poder de boa vontade. E mantendo-os na fila estava o chefe de polícia, Joseph Fouché, como Gillray explicou em uma legenda, "levando a espada da justiça". Ela estava coberta de sangue.

Napoleão ficou furioso. Pediu a Fouché para prender sem julgamento qualquer um que fosse apanhado com

exemplares do desenho na França. Fez queixas diplomáticas formais contra Gillray através de sua embaixada em Londres e jurou que, se um dia invadisse a Inglaterra, procuraria pelo artista. A reação era característica. Ao negociar o Tratado de Amiens com a Inglaterra em 1802, Napoleão chegou a tentar inserir uma cláusula declarando que todos os caricaturistas que o desenhassem deviam ser tratados como assassinos ou falsários e ser extraditados para julgamento na França. Os negociadores ingleses, confusos, rejeitaram o pedido.

2

Luís Filipe e Napoleão não teriam reagido desse jeito se o humor fosse só um jogo. Como eles foram os primei-

James Gillray, *A grande procissão de coroação de Napoleão, o 1º imperador da França*, 1805

ros a reconhecer, as piadas são uma forma de criticar. Elas são outra maneira de se queixar da arrogância, da crueldade e da pompa, dos desvios da virtude e do bom senso.

Se são uma forma particularmente eficaz de reclamar, é porque transmitem uma lição enquanto parecem procurar apenas nos divertir. Os humoristas não precisam dar um sermão destacando os abusos do poder. Eles nos levam a reconhecer com risos a propriedade de suas queixas contra a autoridade.

Além disso (apesar das sentenças de prisão de Philipon), a aparente inocência das piadas permite que os humoristas transmitam mensagens que podem ser perigosas ou até impossíveis de ser verbalizadas diretamente. Do ponto de vista histórico, os comediantes da corte puderam dizer coisas sérias sobre a realeza que não teriam sido ditas a eles seriamente (conta-se que quando o rei Jaime I da Inglaterra, que governou um clero notoriamente corrupto, teve problemas para cevar um de seus cavalos, Archibald Armstrong, o bobo da corte, disse-lhe que ele só tinha de fazer do cavalo um bispo para que a criatura rapidamente engordasse os quilos necessários). Em *O chiste e sua relação com o inconsciente* (1905), Freud escreveu: "Uma brincadeira nos permitirá explorar algo ridículo em nosso inimigo que não podemos, devido aos obstáculos no caminho, trazer à tona aberta ou conscientemente". Através das brincadeiras, continuou Freud, as mensagens críticas "podem ser recebidas pelo ouvinte de um modo que jamais seria possível em uma forma não engraçada (...) [é por isso que] as brincadeiras são especialmente úteis para possibilitar a crítica contra pessoas de posições elevadas".

Dito isso, nem toda pessoa nobre é propícia para o tratamento cômico. Raramente rimos de um médico realizando uma cirurgia. Mas podemos rir de um médico que, depois de uma operação, volta para casa e intimida a mulher e as filhas falando com elas no jargão pomposo da medicina. Rimos do que é injustificado e desproporcional. Rimos de reis cuja autoimagem é maior que seu valor, cuja benevolência não acompanha seu poder. Rimos dos indivíduos de status elevado que se esqueceram de sua humanidade e abusam de seus privilégios. Rimos das provas de injustiça e excesso e, com nosso riso, as criticamos.

Nas mãos dos melhores humoristas, quem ri adquire um propósito moral, as piadas tornam-se tentativas de induzir os outros a reformar seu caráter e seus hábitos. As piadas são uma forma de delinear um ideal político, de criar um mundo mais igualitário e mais equilibrado. Como observou Samuel Johnson, a sátira é só outra maneira, e uma maneira particularmente eficaz, de "censurar a iniquidade ou a insensatez". Nas palavras de John Dryden, "o verdadeiro fim da sátira é a correção dos defeitos".

3

A história revela que não há escassez de piadas que tentem corrigir os defeitos de grupos de status alto, abalar os poderosos por sua pretensão ou desonestidade.

No fim do século XVIII, tornou-se moda na Inglaterra moças ricas usarem perucas colossais. Os cartunistas, insultados pelo absurdo da tendência, rapidamente produziram desenhos que equivaliam a uma forma segura de dizer àquelas mulheres que recuperassem o bom senso – uma mensagem que, como Freud reconheceu, teria sido difícil de ser transmitida por um cartunista diretamente, porque os objetos de sua crítica possuíam grandes extensões do reino.

Gravura da revista *Oxford*, 1771

Ao mesmo tempo, uma moda de aleitamento no peito se estabeleceu entre mulheres da alta sociedade que nunca haviam se preocupado com bebês antes, mas começaram a amamentar para se adaptar às ideias progressistas sobre a maternidade. Mulheres que mal sabiam onde era o quarto da criança insistiam em expor os seios, com frequência no meio de almoços e jantares. Mais uma vez, os cartunistas fizeram um apelo pela moderação.

James Gillray, *A mamãe da moda*, 1796

Na segunda metade do século XIX, outro hábito exagerado criara raízes na classe alta da Inglaterra: uma moda de falar francês, especialmente em restaurantes, para indicar seriedade e eminência. A *Punch* sentiu a presença de um novo defeito a ser corrigido.

Nos Estados Unidos, um século depois, ainda havia muita "iniquidade e insensatez" na elite de Manhattan para a atenção dos cartunistas da New Yorker. Nos negócios, muitos diretores executivos passaram a tentar

CENÁRIO - *Um restaurante perto da Leicester Square.*
Jones: "OH... ER... GARSONG, REGARDEZ EECEE... ER... APPORTEZ-VU LE... LA..."
Garçom: "DESCULPE, SENHOR, EU NÃO FALO FRANCÊS!"
Jones: "ENTÃO, PELO AMOR DE DEUS, TRAGA-ME *ALGUÉM* QUE FALE!"
Punch, 1895

parecer simpáticos com os empregados. Infelizmente, seu interesse cessou por falta de uma disposição verdadeira a agir desse modo. Eles se contentavam em apenas camuflar muitas de suas práticas mais brutais numa linguagem tecnocrata gentil – o que, esperavam eles, podia emprestar respeitabilidade à exploração não muito diferente daquela dos moinhos satânicos do passado. Os cartunistas não se deixaram enganar.

As empresas continuavam comprometidas com uma visão completamente utilitária de seus empregados – em que um discurso genuíno sobre a satisfação desses

Galé de escravos: “Recursos humanos?”

empregados, ou sobre as responsabilidades da organização para com eles era praticamente uma heresia.

“Sabe o que eu acho, gente? O importante é sermos seres humanos decentes e generosos...”

As exigências das empresas eram tais que muitos altos executivos, especialmente advogados, permitiam que a mentalidade clinicamente eficiente de seus empregos permeasse todas as áreas de sua vida, à custa da espontaneidade ou da solidariedade.

Enquanto isso, uma classe militar desfrutava de um prestígio sem paralelos baseado no poder de destruir o

"Eu me considero um homem apaixonado, mas antes de tudo advogado."

"Joyce, estou loucamente apaixonado por você, não consigo comer etc., mas não foi por isso que telefonei..."

planeta. Os humoristas estimularam seu público a rir criticamente do comportamento mortalmente sério dos generais.

4

O humor não é somente uma ferramenta útil para atacar outras pessoas de status elevado, ele também pode nos ajudar a entender e moderar nosso desejo de status.

Grande parte do que achamos engraçado se concentra em situações ou sentimentos que na vida comum poderiam nos levar a sentir embaraço ou vergonha. Os maiores humoristas colocam o dedo em vulnerabilidades que não conseguimos examinar à luz do dia; eles nos arrancam de nosso relacionamento solitário com nossos aspectos mais desagradáveis. Quanto mais privada e intensa a preocupação, maior a possibilidade do riso, sendo o riso um tributo à habilidade com que o que não era mencionável foi cutucado.

Não é de surpreender, assim, que grande parte do humor revele uma tentativa de identificar e conter o desejo de status. Ele nos reafirma que existem outros no mundo não menos invejosos ou socialmente frágeis do que nós; que existem espíritos camaradas acordando nas primeiras horas, atormentados por seu desempenho financeiro; e que por baixo da aparência sóbria que a sociedade exige de nós, a maioria acaba ficando um pouco fora de si – o que nos dá motivo para dar as mãos a nossos vizinhos igualmente torturados.

"Em qual milionário da Microsoft você está pensando agora?"

"Em geral eu acordo gritando às seis e meia e chego ao escritório às nove."

Em vez de zombar de nós por nossa preocupação com o status, os humoristas mais gentis nos provocam: eles nos criticam ao mesmo tempo em que indicam que continuamos essencialmente aceitáveis. Graças a suas habilidades, reconhecemos com um riso sincero verdades amargas sobre nós mesmos que podíamos ter rejeitado com raiva ou mágoa se nos tivessem sido dirigidas de uma forma comum e acusatória.

5

Desse modo os humoristas, não menos que outros artistas, resvalam na definição de arte dada por Matthew Arnold como uma disciplina que oferece a crítica da vida.

Seu trabalho tenta corrigir tanto as injustiças do poder como os excessos de nossa inveja em relação aos que ocupam posições mais elevadas no sistema social. Como a tragédia, é motivado por parte do que é mais lamentável em nossa condição.

A meta subjacente e inconsciente da charge pode ser produzir – mediante o uso habilidoso do humor – um mundo em que haverá muito menos coisas dignas de riso.

"Claro que eles são inteligentes. Têm que ser. Eles não têm dinheiro nenhum."

III. POLÍTICA

Tipos humanos ideais

1

Toda sociedade tem em alta conta alguns tipos de pessoas – enquanto condena ou ignora outros, por terem as habilidades erradas, o sotaque errado, o temperamento, o gênero ou a cor da pele errados. Mas essas definições de sucesso estão longe de ser permanentes ou universais. As qualidades e habilidades que resultariam em status elevado em um lugar têm uma forte tendência a se tornar irrelevantes ou ser desaprovadas em outros.

Um mergulho em momentos seletos da história revela uma ampla gama do que diferentes sociedades em diferentes épocas escolheram ver como uma pessoa digna de honra.

Exigências de status elevado:

Esparta, península grega, 400 a.C.

Os membros mais honrados da antiga sociedade espartana eram homens, em particular homens belicosos e agressivos com grandes músculos, um apetite (bi)sexual vigoroso, pouco interesse na vida familiar, um desprezo pelos negócios e pelo luxo e um entusiasmo por matar, especialmente atenienses, ou pelo campo de batalha. Os lutadores de Esparta nunca usavam dinheiro, evitavam cabeleireiros e artistas e não eram sentimentais em relação a mulheres e filhos. Ser visto no mercado era uma desgraça para eles. Mesmo sabendo contar, fechavam a cara a qualquer sinal de um espírito comercial. Desde os sete anos de idade, cada espartano do sexo masculino era treinado para se tornar soldado, morar e comer em quartéis e praticar manobras de batalha. Mesmo quando se casavam, os homens não dividiam uma casa com a mulher, embora tivessem permissão para passar uma noite por mês com ela a fim de se perpetuar. Se qualquer um dos filhos nascesse fraco, era prática comum levá-los às escarpas ermas do monte Taigetos e deixá-los lá até a morte.

Europa ocidental, 476-1096 d.C.
Seguindo o colapso do Império Romano do Ocidente, em muitas partes da Europa os indivíduos mais reverenciados tornaram-se aqueles que tomaram como modelo a vida e os ensinamentos de Jesus Cristo. Os santos, como a Igreja os considerava, nunca pegavam em armas, nunca matavam outros seres humanos e tentavam evitar matar também animais (como muitos santos, são Bernardo era vegetariano e dizia-se que andava muito devagar, olhando para o chão, para evitar pisar em formigas, também criaturas de Deus). Os santos abstinham-se de bens materiais. Não possuíam casas nem cavalos. Santo Hilário viveu em uma cela de um metro por um metro e meio. São Francisco de Assis afirmava que era casado com a "Senhora Pobreza" enquanto ele e seus seguidores viviam em cabanas de taipa, não tinham mesas nem cadeiras e dormiam no chão. Santo Antônio de Pádua só comia raízes e verduras. São Dominique de Gusmão desviava os olhos quando passava pela casa de mercadores ricos. Os santos tentavam reprimir os sentimentos sexuais e eram notados por sua extrema modéstia física. São Casimiro mandou embora uma virgem colocada em sua cama pela família dela. Dizia-se que são Tomás de Aquino tinha sido trancado em uma torre com uma mulher que usou sua beleza e seus perfumes para seduzi-lo, mas, apesar de ter ficado excitado por um momento, ele a empurrou

para longe e aceitou de Deus "um cinturão de virgindade perpétua".

Europa ocidental, c. 1096-1500

No período após a Primeira Cruzada, os cavaleiros se tornaram as pessoas mais admiradas da sociedade da Europa Ocidental. Os cavaleiros vinham de famílias ricas, moravam em castelos, dormiam em camas, comiam carne e eram aplaudidos por matar pessoas que eles julgavam não cristãs (especialmente muçulmanos). Quando não estavam matando gente, voltavam sua atenção para os animais. Dizia-se que John de Grailly tinha matado quatro mil porcos selvagens. Os cavaleiros também eram amantes talentosos e cortejavam mulheres na corte, com frequência com o uso habilidoso da poesia. Especializaram-se em capturar virgens. Interessavam-se por dinheiro, mas somente quando vinha da terra, e não do comércio. Também gostavam de cavalos. "Os cavaleiros não foram escolhidos para montar um asno ou uma mula", relatou Gutierre Diaz de Gamez (1379-1450), autor de *The Unconquered Knight* (c. 1431). "Os cavaleiros não provêm de almas frágeis, tímidas nem covardes, mas de homens que eram fortes e cheios de energia, ousados e destemidos, e, por esse motivo, não há outro animal que seja tão adequado a um cavaleiro quanto um bom cavalo."

Inglaterra, 1750-1890

Na Inglaterra, em 1750, não se julgava mais necessário saber lutar para se tornar respeitável. Dançar era mais importante. As pessoas mais admiradas na sociedade eram "cavalheiros". Eram ricos, tendiam a não se afastar demais da administração de suas propriedades, dedicavam-se um pouco à indústria ou ao comércio (especialmente com a Índia e as Índias Ocidentais), mas eram ardorosos em se distinguir da casta inferior de mercadores e industriais. Deviam gostar de suas famílias e evitar colocar seus filhos nas colinas para que morressem – e no entanto podiam manter uma amante na cidade.

Dava-se ênfase ao aperfeiçoamento de uma elegância lânguida. Era importante cuidar dos cabelos e visitar um barbeiro regularmente. Lorde Chesterfield, em *Letters to his Son* (1751), aconselhava que o falar de um cavalheiro devia estar livre da "avidez equivocada" que pudesse resultar no uso de "anedotas frívolas ou fora de hora com preâmbulos tolos como: 'Vou lhe contar uma história ótima'". Chesterfield também destacava que os cavalheiros deviam saber dançar um minueto: "Lembre-se de que o movimento gracioso dos braços, o dar a mão, o tirar e recolocar o chapéu gentilmente são as partes principais da dança de um cavalheiro". No que se refere às relações com as mulheres, um cavalheiro devia se casar, mas tendo em mente que (nas palavras de Chesterfield) "as mulheres são só crianças mais desenvolvidas". Se se sentasse perto de uma mulher no jantar, um cavalheiro devia "tagarelar" com ela em vez de ficar em silêncio, o que ela poderia tomar equivocadamente como burrice ou arrogância.

Brasil, 1600-1960

Na tribo cubeo do noroeste da Amazônia, os indivíduos com o status mais elevado eram homens que falavam muito pouco (supunha-se que a força de alguém se esgotava se fosse tagarela), não participavam de danças, não se envolviam na criação dos filhos, mas eram, antes de tudo, habilidosos em matar uma onça. Enquanto os homens de status baixo eram relegados à pesca, os de status elevado eram caçadores. Quem matasse uma onça usaria os dentes dela em um colar. Quanto mais onças matasse, mais chances tinha de se tornar o "cacique" ou o chefe tribal. Os caciques usavam grandes colares de dentes de onça, além de um cinto de tatu. As mulheres estavam condenadas a cultivar mandioca nas clareiras da floresta. Poucas coisas traziam mais vergonha a um homem que ser encontrado ajudando a mulher a preparar uma refeição de raízes.

2

Quais são os princípios pelos quais o status é distribuído? Por que os militares são aplaudidos em uma sociedade e os cavalheiros proprietários de terras em outra?

Pelo menos quatro respostas são sugeridas aqui. Um grupo pode adquirir status sendo capaz de prejudicar fisicamente os outros, atormentando e ameaçando uma população para obter seu respeito.

Ou pode conquistar status sendo capaz de defender os outros, através da força, do amparo ou do controle dos víveres. Quando a segurança está em demanda (antiga Esparta, Europa do século XII), os lutadores corajosos e cavaleiros são celebrados. Quando uma comunidade necessita de nutrientes que só estão disponíveis na carne animal (a Amazônia), são os matadores de onça que ganharão respeito e o símbolo desse respeito: o cinto de tatu. Em países onde a sobrevivência da maioria depende do comércio e da alta tecnologia, empresários e cientistas serão alvo de admiração (Europa moderna e América do Norte). O contrário também é válido: um grupo que não pode fornecer um serviço aos outros terminará sem status – o destino dos homens musculosos em sociedades com fronteiras seguras ou caçadores de onça em sociedades agrícolas estabelecidas.

Ou um grupo pode adquirir status elevado impressionando os outros com sua generosidade, seus talentos físicos, suas habilidades artísticas ou sua sabedoria – como no caso, por exemplo, dos santos da Europa cristã e dos jogadores de futebol na Europa moderna.

Ou um grupo pode apelar à consciência ou ao senso de decência moral de seus companheiros, articulando com tanta eloquência a justiça de sua causa que ninguém que tente conservar uma boa autoimagem continuará surdo a seus apelos por uma redistribuição de status.

Como os determinantes do status elevado continuam se alterando, assim também, naturalmente, se alterará o que incita o desejo de status. Em um grupo podemos nos preocupar com nossa capacidade de atirar uma lança no flanco de um animal, em outro com nossa força no campo de batalha, em um terceiro com nossa capacidade de devoção a Deus e em um quarto com nossa capacidade de obter lucro no mercado de capital.

3

Para os mais angustiados ou amargurados com os ideais de sua sociedade, a história do status, mesmo quando esboçada cruamente, só pode revelar uma questão básica e inspiradora: os ideais não são gravados em pedra. Os ideais de status foram por muito tempo sujeitos a alteração e podem se alterar novamente no futuro. E a palavra que podemos usar para descrever esse processo de mudança é política.

Por meio das batalhas políticas, diferentes grupos tentarão moldar o sistema de honra de suas comunidades, a fim de ganhar distinção para si mesmos frente à oposição dos que estão interessados em um arranjo anterior. Através de uma urna eleitoral, uma arma, uma greve ou às vezes de um livro, esses grupos lutarão para redirecionar a concepção de sua comunidade sobre quem tem direito aos privilégios de uma posição de status elevado.

Uma perspectiva política do desejo moderno de status

1

Se a capacidade de caçar onças, dançar o minueto, montar a cavalo em batalha ou imitar a vida de Cristo não oferece mais fundamentos suficientes para qualificar o sucesso, o que, então, pode constituir o ideal ocidental contemporâneo dominante, de acordo com o qual as pessoas são julgadas e o status atribuído?

Sem fazer argumentações científicas, pode-se delinear pelo menos parte das preocupações e qualidades do protótipo da pessoa moderna bem-sucedida, a herdeira do status elevado que no passado pertencia ao guerreiro, santo, cavaleiro ou cavalheiro aristocrata proprietário de terras.

Exigências de status elevado:

Londres, Nova York, Los Angeles, Sydney, 2004

A categoria das pessoas bem-sucedidas inclui tanto homens quanto mulheres, de qualquer raça, que foram capazes de acumular dinheiro, poder e renome com suas atividades (em vez de com heranças) em um dos muitíssimos ramos do mundo comercial (inclusive esporte, arte e pesquisa científica). Como as sociedades de fato acreditam ser "meritocráticas", as realizações financeiras são vistas como "merecidas". A capacidade de acumular riqueza é valorizada por refletir a presença de pelo menos quatro virtudes cardeais: criatividade, coragem, inteligência e perseverança. A presença de outras virtudes – humildade ou piedade, por exemplo – raramente merece atenção. As realizações não são atribuídas, como nas sociedades do passado, à "sorte", à "providência divina" ou a "Deus" – um reflexo da fé das sociedades laicas modernas na força de vontade do indivíduo. Os fracassos financeiros, da mesma forma, são considerados merecidos, e o desemprego carrega parte da vergonha da covardia física das épocas guerreiras. O dinheiro é imbuído de uma qualidade ética. Sua presença indica a virtude de seu possuidor, como os bens materiais que ele pode comprar. Como os dentes de onça para os cubeos, um meio de vida próspero indica mérito, enquanto a posse de um carro velho ou uma casa miserável pode estimular a ideia de deficiência moral. Além de oferecer status elevado, a riqueza é valorizada com base em sua capacidade de proporcionar felicidade, por meio do acesso a uma gama de bens de consumo que estão sempre mudando – cuja ausência pode nos encher de pena e surpresa quando consideramos a vida restrita das gerações anteriores.

2

Embora esse ideal de status possa parecer natural, ele é – como nos alerta uma perspectiva política – somente obra de seres humanos; um desenvolvimento recente que data de meados do século XVIII, trazido à luz por uma multiplicidade de fatores identificáveis. Além disso, acrescentaria a perspectiva política, o ideal de vez em quando é simplório, às vezes injusto e talvez não seja totalmente invariável.

Nenhum aspecto do ideal moderno foi tão analisado quanto a associação que ele forma entre a riqueza e a virtude – a pobreza e a incerteza. Em *A teoria da classe ociosa* (1899), Thorstein Veblen descreveu o surgimento do dinheiro no início do século XIX como o critério central na configuração da forma como as sociedades comerciais avaliavam seus membros: "[A riqueza se tornou] a base convencional da estima. Sua posse tornou-se necessária a fim de se ter qualquer posição respeitável na comunidade. Passou a ser indispensável adquirir propriedades para que se conserve o bom nome de uma pessoa. (...) Aqueles membros da comunidade que não conseguem [um padrão relativamente alto de riqueza] perderão a estima de seus companheiros e consequentemente sofrerão também em sua autoestima".

Em uma sociedade comercial, segundo Veblen, seria quase impossível agarrar-se ao pensamento de que se pode ser virtuoso e ainda assim pobre. A pessoa de mentalidade mais antimaterialista sentiria um imperativo de acumular riqueza e demonstrar sua posse para escapar do opróbrio e se sentiria ansiosa e culpada se não conseguisse fazê-lo.

Dessa forma, a posse de uma grande quantidade de bens materiais faz-se necessária não porque esses bens trazem prazer (embora eles também possam fazer isso), mas porque conferem honra. No mundo antigo, foi muito debatido entre filósofos o que era materialmente necessário para a felicidade e o que era desnecessário. Epicuro, por exemplo, afirmara que somente alimento e abrigo eram necessários e que casas caras e pratos luxuosos podiam seguramente ser desprezados por todas as pessoas com uma mente filosófica e racional. Contudo, analisando o argumento muitos séculos depois em *A riqueza das nações*, Adam Smith assinalou obliquamente que nas sociedades modernas e materialistas havia sem dúvida incontáveis coisas que eram desnecessárias do ponto de vista da sobrevivência física, mas ao mesmo tempo muitas outras que, do ponto de vista prático, vinham a ser consideradas "necessárias" porque ninguém podia ser visto como respeitável e ter uma vida psicologicamente confortável sem possuí-las:

"Por necessidades eu entendo não só as mercadorias que são indispensáveis e necessárias para sustentar a vida, mas tudo que os costumes do país tornam indecente que uma pessoa honrosa, mesmo da classe mais baixa, não tenha. Uma camisa de linho, por exemplo, não é, estritamente falando, uma necessidade da vida. Os gregos e romanos viviam, suponho, com muito conforto, apesar de nenhum deles ter linho. Mas, nos tempos atuais, na maior parte da Europa, um trabalhador diarista honrado se envergonharia de aparecer em público sem uma camisa de linho, cuja falta supostamente denotaria um grau degradante de pobreza a que, presume-se, ninguém pode cair sem um comportamento extremamente ruim. Por necessidade, portanto, entendo não só aquelas coisas da natureza, mas as coisas que as regras estabelecidas da decência tornaram necessárias para a classe mais baixa das pessoas."

Desde os tempos de Smith, os economistas têm sido quase unânimes em apoiar a ideia de que o que define o estado de pobreza e confere amargura a ele não é tanto o sofrimento físico direto quanto a vergonha derivada das reações negativas dos outros à situação de uma pessoa, da forma como a pobreza afronta o que Smith denominou "as regras estabelecidas da decência". Em *A sociedade afluente* (1958), J. K. Galbraith propôs, com uma reverência a Smith: "As pessoas são afetadas pela pobreza sempre que sua renda, mesmo que adequada à sobrevivência, cai acentuadamente abaixo da renda da comunidade. Então elas não podem ter o que a comunidade maior considera o mínimo necessário para a decência; e elas não podem escapar completamente, portanto, do julgamento da comunidade maior de que elas são indecentes".

3

É essa ideia de que a "decência" deve estar ligada à riqueza – e a "indecência" à pobreza – que forma o cerne de um elemento de protesto cético contra o ideal de status moderno. Por que o fracasso em ganhar dinheiro deve ser tomado como sinal de um ser humano incondicionalmente falho e como um fiasco de uma área em particular do projeto muito maior, e mais multifacetado, de levar uma boa vida? Por que riqueza e pobreza devem ser interpretadas como as orientações predominantes para a moral de um indivíduo?

Os motivos não são misteriosos. Ganhar dinheiro costuma invocar virtudes de caráter. Manter praticamente qualquer emprego requer inteligência, energia, prudência e a capacidade de cooperar com os outros. Na verdade, quanto mais lucrativo o emprego, maiores são os méritos que ele pode exigir. Advogados e cirurgiões não só ganham salários mais altos do que garis, suas ocupações em geral envolvem mais esforço e habilidade.

Um trabalhador diarista se envergonharia de aparecer em público sem uma camisa de linho, escreveu Smith, porque não ter tal camisa implicaria um grau de pobreza a que, supuseram os contemporâneos de Smith, "ninguém pode cair sem um comportamento extremamente ruim". Só um homem que fosse um bêbado congênito, irresponsável, ladrão ou insubordinado pueril seria rejeitado no mais modesto emprego exigido para se comprar uma camisa de linho – e nesse caso, pode-se ver como possuir uma camisa pode ser considerado uma garantia mínima de bom caráter.

Daí, basta um passo para imaginar que uma *conduta extremamente boa* e muitas virtudes devem estar por trás da aquisição de armários cheios de camisas de linho, iates, mansões e joias. A ideia de um símbolo de status, um objeto material caro que confere respeito a seu proprietário, repousa na ideia disseminada e nada improvável de que a aquisição dos bens mais dispendiosos deve inevitavelmente exigir a maior de todas as qualidades de caráter.

4

Contudo, os oponentes de uma meritocracia econômica há muito têm afirmado que o verdadeiro mérito deve ser uma qualidade mais complexa e difícil de definir do que algo que pode ser medido simplesmente pelos ganhos anuais de uma pessoa – um ceticismo análogo ao de alguns teóricos da educação que negarão que a "inteligência" de um grupo de estudantes pode ser medida adequadamente fazendo-os sentar em uma sala de exames e dando notas de acordo com suas respostas a questões como:

> Escolha o antônimo entre estas quatro palavras:
> **obstinado** **espúrio** **maleável** **oculto**

Isso não quer dizer que esses críticos afirmam que o mérito ou a inteligência são imensuráveis ou igualmente distribuídos, eles simplesmente insistem que é improvável que você ou eu saibamos como medi-los de modo adequado e, portanto, devemos ter um cuidado infinito antes de agir de uma maneira que presuma que podemos fazê-lo; por exemplo, na esfera econômica, abolindo impostos sobre os ricos (que, dizem vez ou outra os defensores radicais da meritocracia econômica, merecem manter todos os seus ganhos) ou retirando os serviços do Estado (de forma que os pobres, acrescentariam os mesmos defensores, possam viver com mais plenitude as profundezas da privação que eles também devem merecer).

Tal ceticismo não combina muito bem com as exigências da vida cotidiana. É fácil entender por que se almeja um sistema, seja ele educacional ou econômico, que garanta que é possível selecionar os melhores candidatos em uma sala de aula ou uma sociedade e, assim, podemos desprezar o sofrimento dos perdedores com a *consciência tranquila*.

Mas almejar isso com persistência não é garantia de encontrar uma boa solução. Em *The Intelligent Woman's Guide to Socialism and Capitalism* (1928), George Bernard Shaw afirmou que as sociedades capitalistas modernas foram vítimas de um sistema particularmente obtuso de determinar a hierarquia: elas estabeleceram um sistema que opera com base na crença de que: "Se todo homem tiver o direito de ganhar tanto dinheiro quanto puder por si mesmo, da sua própria maneira, sujeito somente às leis que restringem a violência brutal e a fraude direta, então a riqueza se distribuirá espontaneamente em proporção ao esforço, à sobriedade e em geral à virtude dos cidadãos; os bons se tornarão ricos e os maus, pobres".

Mas, na verdade, continuou Shaw, está claro que qualquer homem implacável e ambicioso "pode conseguir três ou quatro milhões de libras vendendo uísque vagabundo ou retendo a safra de trigo e vendendo-a por três vezes o seu custo ou administrando jornais e revistas tolas que divulgam anúncios mentirosos", enquanto "os homens que exercem suas nobres faculdades ou arriscam sua vida pela promoção do conhecimento e do bem-estar humanos" podem terminar na pobreza e na insignificância. Shaw não deseja se alinhar a vozes sentimentais que podem afirmar que, na sociedade atual, os bons sempre se tornam pobres – um raciocínio não menos simplista que o seu oposto. Em vez disso, procurou chamar a atenção para as limitações de se julgar qualquer pessoa moralmente com base no salário e para o desejo concomitante de atenuar as muitas consequências que podem advir das diferenças da riqueza.

Em *Unto This Last* (1862), John Ruskin, que se preocupara em desafiar as ideias meritocráticas, descreveu em um tom sarcástico as conclusões a que chegara sobre o caráter dos ricos e pobres com base em centenas de encontros com os dois grupos em muitos países ao longo de quatro décadas: "As pessoas que enriquecem são, geralmente falando, industriosas, resolutas, orgulhosas, gananciosas, diligentes, metódicas, sensatas, sem imaginação, insensíveis e ignorantes. As pessoas que continuam pobres são os inteiramente tolos, os inteiramente sábios, os preguiçosos, os imprudentes, os humildes, os solícitos, os impulsivamente cruéis, os desonestos ineptos, os ladrões descarados e as pessoas inteiramente misericordiosas e piedosas".

Em outras palavras, uma gama inclassificável de pessoas termina rica ou pobre – o que significa, para seguir a mensagem que foi articulada pela primeira vez por Jesus Cristo e repetida na linguagem laica pelos pensadores políticos nos séculos XIX e XX, que não é nossa prerrogativa começar a imputar honra, principalmente com base na renda. Uma multiplicidade de acontecimentos exteriores e características pessoais tornarão um homem rico e outro destituído de posses. Existem sorte e circunstância, doença e medo, acasos e desenvolvimentos tardios, senso de oportunidade e azar.

Três séculos antes de Ruskin e Shaw, Michel de Montaigne enfatizou, em um estilo semelhante, o papel dos fatores acidentais na determinação do resultado de nossa vida. Ele nos aconselhou a nos lembrarmos do papel desempenhado pelo "acaso que nos concede a glória de acordo com a sua vontade volúvel: tenho visto com frequência o acaso marchando à frente do mérito e com frequência ultrapassando o mérito por uma ampla margem". Um balanço desapaixonado de nossos sucessos e fracassos deve nos levar a achar que temos motivos para ficar ao mesmo tempo menos orgulhosos e menos envergonhados com relação a nós mesmos, porque uma boa porcentagem do que nos acontece não é por obra nossa. Montaigne afirmou que seguramos as rédeas de nossa empolgação quando encontramos os poderosos e os ricos e de nosso discernimento quando encontramos os pobres e desconhecidos. "Um homem pode ter um grande séquito de seguidores, um belo palácio, muita influência e uma grande renda. Tudo isso pode cercá-lo, mas não está nele. (...) Meça sua altura sem suas pernas de pau: deixe-o sem riqueza e adornos, que ele se mostre a nós despido. (...) Que tipo de alma ele tem? Será sua alma bela, capaz, dotada de todas as suas funções? Serão suas riquezas próprias ou emprestadas? A sorte não teve nada a ver com isso? (...) É isso que precisamos saber; é com base nisso que as distâncias imensas entre nós, homens, devem ser julgadas."

Os muitos desafios ao ideal meritocrático comercial formam, unidos, um apelo para que deixemos de dar conotações morais a algo tão acidentalmente distribuído como o dinheiro, cortemos as conexões doutrinárias que costumam ser feitas entre riqueza e virtude e tentemos garantir que as pernas de pau sejam retiradas antes de começarmos a julgar.

5

Além da relação entre ganhar dinheiro e ser bom, o ideal moderno de uma vida bem-sucedida imputa ainda outra relação: entre ganhar dinheiro e ser feliz.

Essa ideia, por sua vez, se baseia em três pressupostos. Primeiro, de que identificar o que nos fará feliz não é uma tarefa muito difícil. Assim como nosso corpo em geral sabe o que precisa para ser saudável e, portanto, nos orienta a comer peixe defumado quando tem carência de sódio ou pêssego quando a taxa de açúcar é baixa, podemos confiar na nossa mente, prossegue a teoria, para entender o que devemos objetivar a fim de prosperar;

assim, ela naturalmente nos empurra para determinadas carreiras e projetos. Segundo, de que a enorme gama de possibilidades ocupacionais e bens de consumo disponíveis na civilização moderna não é um exagero enervante responsável por alimentar desejos pouco relevantes para nosso bem-estar, mas, ao contrário, é capaz de satisfazer parte de nossas necessidades mais importantes. E terceiro, de que quanto mais dinheiro temos à nossa disposição mais produtos e serviços seremos capazes de comprar e maiores serão nossas chances de felicidade.

O adversário mais sugestivo e interessante desse grupo de pressupostos continua sendo Jean-Jacques Rousseau e seu *Discurso sobre a origem e os fundamentos da desigualdade entre os homens.* Rousseau começa afirmando que, embora possamos nos julgar de forma independente, somos perigosamente ineptos em entender nossas necessidades. Nossa alma quase nunca articula o que deve ter para ficar satisfeita ou, quando murmura alguma coisa, seus comandos provavelmente são mal fundamentados ou contraditórios. Em vez de comparar a mente com um corpo que se preocupa em consumir o que é saudável, Rousseau nos convidou a pensar nela mais como um corpo que apela por vinho quando precisa de água e insiste em dançar quando precisa na verdade ficar deitado na cama. Nossa mente é suscetível à influência de vozes externas que nos dizem que desejos devem ser satisfeitos, vozes que podem abafar os sons fracos emitidos pela nossa alma e podem nos distrair da tarefa delicada e árdua de identificar corretamente as nossas prioridades.

Rousseau passou a descrever a história do mundo não como uma história de progresso da barbárie às grandes oficinas e cidades da Europa, mas como uma história do regresso de um estado privilegiado em que vivíamos com simplicidade, mas com a possibilidade de verbalizar nossas necessidades, para um estado em que somos aptos a sentir inveja por meios de vida que pouca relação têm com as nossas características. Na pré-história de tecnologia atrasada, o estado natural de Rousseau, quando homens e mulheres viviam em florestas e nunca tinham entrado numa loja nem lido um jornal, as pessoas retratadas pelo filósofo se compreendiam com mais facilidade e eram atraídas pelas coisas essenciais de uma vida satisfatória: o amor da família, o respeito pela natureza, a reverência pela beleza do universo, a curiosidade em relação aos outros e a preferência por música e entretenimentos simples. Foi desse estado que a "civilização" comercial moderna nos arrancou, deixando-nos a inveja, os desejos e o sofrimento em um mundo de abundância.

Para os que podem interpretar isso como uma história absurdamente romântica, explicada pela fantasia de um autor pastoral irritado de modo irracional com a modernidade, vale a pena acrescentar que, se o século XVIII ouviu os argumentos de Rousseau, foi em parte porque teve antes um exemplo gritante de sua aparente verdade na ruína das populações nativas da América do Norte.

Relatos da sociedade indígena americana feitos no século XVI descreveram-na como simples em termos materiais, mas psicologicamente recompensadora: as comunidades eram pequenas, unidas, igualitárias, religiosas, alegres e belicosas. Os índios sem dúvida eram atrasados no sentido econômico. Viviam de frutas e de animais selvagens, dormiam em tendas, tinham poucas posses. Ano após ano, usavam as mesmas peles e sapatos. Mesmo um cacique podia não ter mais que uma lança e alguns potes. Mas se supunha haver um nível impressionante de satisfação nessa simplicidade.

Contudo, algumas décadas depois da chegada dos primeiros europeus, o sistema de status da sociedade indígena sofreu uma revolução devido ao contato com a tecnologia e os luxos da indústria europeia. O que importava não era mais a sabedoria e o conhecimento da natureza que uma pessoa tinha, mas a propriedade de armas, joias e álcool. Os índios então ansiavam por brincos de prata, braceletes de cobre e bronze, anéis de estanho, colares feitos de vidro veneziano, armas, álcool, chaleiras, contas, enxadas e espelhos.

Esse novo entusiasmo não surgiu por coincidência. Os comerciantes europeus deliberadamente tentaram fomentar desejos nos índios, assim como motivá-los a caçar as peles de animais que o mercado europeu requeria. Em 1690, um naturalista inglês, reverendo John Banister, relatou que os índios da região da baía do Hudson tinham sido levados, com sucesso, por comerciantes a quererem "muitas coisas que eles não queriam antes, porque nunca as tiveram, mas que por meio do comércio agora lhes são muito necessárias". Duas décadas depois, o viajante Robert Beverley observou: "Os europeus introduziram o luxo entre os índios, o que multiplicou seus anseios e os fez desejar mil coisas com que nunca sonharam antes".

Infelizmente essas mil coisas, embora procuradas com ardor, não parecem ter deixado os índios muito felizes. Com certeza eles trabalharam mais. Entre 1739 e 1759, estima-se que os dois mil guerreiros da tribo cherokee tenham matado 1,25 milhão de cervos para satisfazer a demanda europeia. No mesmo período, os índios montagnais da margem norte do rio St. Lawrence comerciavam entre doze mil e quinze mil peles por ano com mercadores franceses e britânicos em Tadoussac. Mas a felicidade não aumentou com os níveis de comércio. As taxas de suicídio e alcoolismo aumentaram, as comunidades se fragmentaram, as facções disputavam entre si o butim europeu. Os chefes tribais não precisaram de Rousseau para entender o que tinha acontecido, mas contribuíram sem saber com sua análise. Houve apelos para que os índios se livrassem da dependência do "luxo" europeu. Na década de 1760, os delawares do oeste da Pensilvânia e do vale do Ohio tentaram reviver os hábitos de seus antepassados. Ouviam-se profecias de que as tribos seriam derrotadas se não se afastassem da dependência do comércio. Mas era tarde demais. Os índios, que não diferiam em sua constituição psicológica dos outros seres humanos, sucumbiram ao engodo fácil das quinquilharias da civilização moderna e pararam de ouvir as vozes tranquilas que falavam dos prazeres simples da vida em comunidade e da beleza dos cânions vazios ao anoitecer.

6

Os defensores da sociedade comercial sempre tiveram uma resposta para os simpatizantes dos índios americanos e para qualquer um que se queixasse dos efeitos corruptores de uma economia avançada: ninguém obrigou os índios a comprar colares feitos de vidro veneziano, armas, chaleiras, contas, enxadas e espelhos. Ninguém os impediu de viver em tendas nem os fez aspirar a possuir casas de madeira com varanda e adega. Os índios deixaram uma vida sóbria e simples porque quiseram – o que pode indicar que a vida deles talvez não fosse tão agradável quanto se pensava.

Essa defesa é semelhante àquela usada por publicitários modernos e editores de jornais, que afirmam que não são eles os responsáveis por estimular interesses indevidos na vida dos famosos, nas mudanças da moda ou na posse de novos produtos. Certos ramos da mídia oferecem informações relacionadas com esses tópicos para qualquer um que esteja interessado – enquanto, prossegue o raciocínio, muitas pessoas espontaneamente preferem ajudar os necessitados, elevar suas almas, ler *Declínio e queda do Império Romano* de Edward Gibbon ou refletir sobre a breve passagem de tempo antes de sua própria extinção.

Essa resposta esclarece por que Rousseau quis enfatizar tanto, apesar de não ser nada edificante, a dificuldade de que os seres humanos têm de se decidir sobre o que é importante, sua predisposição a ouvir as sugestões dos outros sobre para onde seus pensamentos devem ir e o que devem valorizar para que sejam felizes, particularmente quando as sugestões são acompanhadas da autoridade de um jornal ou dos encantos visuais de um cartaz.

É irônico que sejam os publicitários e editores de jornais os primeiros a subestimar a eficácia de seus próprios ofícios. Eles insistem que a população tem suficiente independência e discernimento para não ser afetada em excesso pelas histórias que expõem ao mundo ou para ser levada pelo canto de sereia dos cartazes que eles próprios desenharam com tanta habilidade.

Infelizmente, eles estão sendo modestos demais. Nada ilustra com mais clareza a extensão de sua dissimulação do que os relatos da rapidez com que, com suficiente estímulo, o que antes era apenas uma possibilidade passou a ser uma necessidade.

PORCENTAGEM DE NORTE-AMERICANOS QUE DECLARAM NECESSÁRIOS OS SEGUINTES ITENS

	1970	2000
Segundo carro	20%	59%
Segunda televisão	3%	45%
Mais de um telefone	2%	78%
Ar-condicionado no carro	11%	65%
Ar-condicionado em casa	22%	70%
Lava-louças	8%	44%

The new SL-Class
FOR SALE:
That recurring dream of yours.
THE NEW SL-CLASS FROM £67,790 ON THE ROAD. CALL 0800 776655 FOR MORE DETAILS OR VISIT WWW.MERCEDES-BENZ.CO.UK. CAR FEATURED IS AN SL500 WITH OPTIONAL ALLOY WHEELS AT £69,190 ON THE ROAD (INCLUDES DELIVERY, NUMBER PLATES, FIRST REGISTRATION TAX AND A FULL TANK OF FUEL).
Mercedes-Benz

As críticas à sociedade de consumo concentraram-se não só nas deficiências e inadequações de produtos (uma questão fácil de exagerar, porque é preciso um espírito avarento para não apreciar, por exemplo, a beleza de um pulôver de caxemira ou de um painel de carro quando se dirige à noite por uma estrada), mas também, talvez mais claramente, no quadro distorcido de nossas necessidades, decorrente da forma como esses produtos são apresentados a nós. Eles podem parecer essenciais, abençoados com poderes extraordinários para nos trazer felicidade, porque não entendemos nem o que eles realmente são nem como funciona o nosso desejo.

Uma propaganda de carro, por exemplo, terá o cuidado de ignorar aspectos de nossa psicologia e do processo geral de propriedade que poderia estragar, ou pelo menos diminuir, nosso prazer em vir a possuir o veículo em exibição. Ela deixará de mencionar nossa tendência a parar de apreciar qualquer coisa depois de possuí-la por algum tempo. A forma mais rápida de deixar de apreciar uma coisa pode ser comprá-la – assim como a forma mais rápida de deixar de apreciar uma pessoa pode ser casar-se com ela. Somos tentados a acreditar que determinadas realizações e posses nos garantirão uma satisfação duradoura. Somos levados a nos imaginar escalando as encostas íngremes do penhasco da felicidade para chegar ao platô alto e amplo onde continuaríamos nossa vida; não somos lembrados de que logo depois de chegar ao topo, seremos chamados novamente a descer para as planícies frescas da ansiedade e do desejo.

COMO IMAGINAMOS A SATISFAÇÃO DEPOIS DE UMA AQUISIÇÃO/REALIZAÇÃO

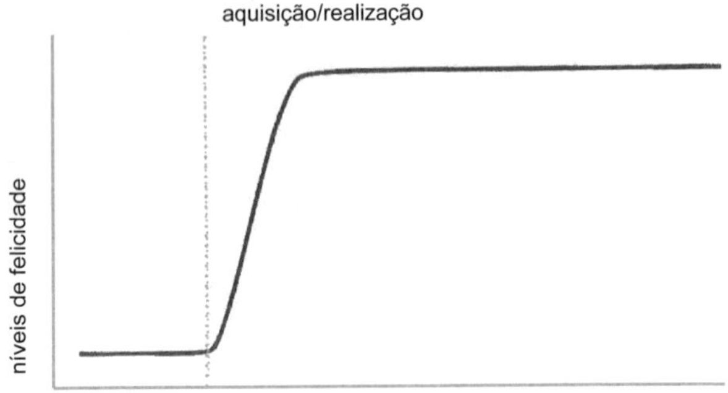

O QUE ACONTECE DE FATO DEPOIS DE UMA AQUISIÇÃO/REALIZAÇÃO

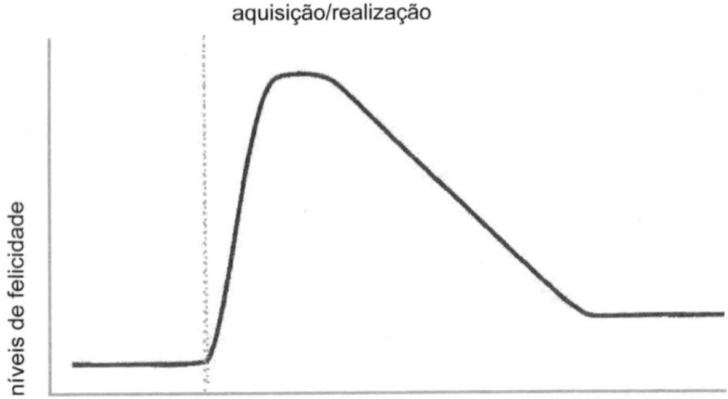

Parece que a vida é um processo de substituir uma angústia por outra e trocar um desejo por outro – o que não equivale a dizer que nunca devemos lutar para superar nossas angústias ou satisfazer nossos desejos, mas talvez que em nossas lutas devemos estar conscientes da forma como nossas metas nos prometem níveis de tranquilidade e resolução que elas, por definição, não podem fornecer.

O carro logo será absorvido, como todas as maravilhas que porventura já tenhamos, ao pano de fundo material de nossa vida, onde dificilmente será percebido – até que à noite um ladrão nos preste o serviço paradoxal de quebrar uma janela para roubar o rádio e nos lembrar, no meio dos cacos de vidro, que tínhamos muitos motivos para sermos gratos.

A publicidade não fala nada sobre a fraca capacidade que todos os bens materiais têm de alterar nossos níveis de felicidade, quando comparada com o poder esmagador dos eventos emocionais. O mais elegante e mais perfeito dos veículos não pode nos trazer uma fração da satisfação de um relacionamento – assim como não pode oferecer nenhum conforto depois de uma discussão doméstica ou de um abandono. Nesses momentos, podemos até vir a nos ressentir da eficiência impassível de um carro, o piscar escrupuloso de seus indicadores e os cálculos metódicos de seu computador de bordo.

Somos igualmente propensos a nos enganar a respeito das atrações de determinadas carreiras, porque muitos de seus aspectos foram omitidos, deixando somente as maiores virtudes, as quais seria impossível não admirar. Vemos os resultados, mas não conhecemos o processo.

Se não podemos deixar de ter inveja, é especialmente pungente que devamos passar tanto tempo invejando as coisas erradas.

7

A essência da acusação feita contra o ideal de status elevado moderno é de que ele é culpado de uma distorção gigantesca de prioridades, elevando ao nível mais alto um processo de acúmulo material que deve ser somente uma das muitas coisas que determinam a direção de nossas vidas, de acordo com uma concepção de nós mesmos definida de forma mais verdadeira e mais ampla.

Enfurecido por essa distorção de prioridades, John Ruskin acusou violentamente os britânicos do século XIX (ele nunca foi aos Estados Unidos) de serem as pessoas mais obcecadas por riqueza que já apareceram na história do mundo. Elas nunca estiveram, escreveu ele, longe de uma preocupação com quem tinha o quê e de onde ("A deusa que manda aqui pode ser descrita como a 'Deusa do Sucesso'"). Eles se envergonhavam de sua falta de riqueza e invejavam a riqueza dos outros.

Mas Ruskin fez uma confissão. Ao contrário das expectativas, ele também era louco por enriquecer. A ideia da riqueza atormentava sua mente do café da manhã ao jantar, admitiu ele. Mas Ruskin apenas estava sendo sarcástico, brincando com a ambiguidade da palavra "riqueza" para explicar com mais vigor o quanto ele e seus compatriotas tinham se afastado da virtude. O dicionário nos diz que riqueza do ponto de vista histórico não é só, e nem mesmo principalmente, grandes quantidades de dinheiro. Riqueza significa uma abundância de qualquer coisa, de borboletas a livros e sorrisos. Ruskin estava interessado na riqueza, era obcecado por ela. Mas era um tipo incomum de riqueza que ele tinha em mente: ele queria ser rico em gentileza, curiosidade, sensibilidade, humildade, bondade e inteligência – um conjunto de qualidades a que se referiu simplesmente como "vida". Em *Unto This Last*, ele nos roga a deixar de lado concepções monetárias comuns de riqueza para assumir uma visão baseada na "vida", de acordo com a qual as pessoas mais ricas da terra não seriam automaticamente os mercadores e os proprietários de terras, mas aqueles que sentem de modo mais profundo a maravilha das estrelas à noite ou são capazes de interpretar e aliviar os sofrimentos dos outros.

"Não existe riqueza, a não ser a vida", entoou ele: "A vida, incluindo todos os seus amores, alegrias e admirações. Este país é o mais rico, se é o que nutre o maior número de seres humanos felizes e nobres; este homem é o mais rico, se é aquele que, tendo aperfeiçoado as funções de sua própria vida ao máximo, também tem a influência mais útil e ampla, tanto pessoalmente, quanto por meio de suas posses, sobre a vida dos outros. (...) Muitas das pessoas em geral consideradas ricas não são, na realidade, mais ricas que as trancas de suas caixas-fortes, sendo inerente e eternamente incapazes de riqueza".

Ruskin exprimiu as verdades inocentes dos profetas – e, quando as pessoas não caíam na gargalhada (o *Saturday Review* descreveu Ruskin como "um louco desembestado" e sua tese como "fanfarrona e histérica", "um absurdo completo" e "um disparate intolerável"), elas ouviram. Em 1906, os primeiros 27 parlamentares trabalhistas britânicos chegaram ao Parlamento e foram indagados sobre que livro os tinha influenciado a procurar a justiça social por meio da política. Dezessete deles citaram *Unto This Last*, de Ruskin. Treze anos depois, George Bernard Shaw, em uma palestra no centenário do nascimento de Ruskin, propôs que a denúncia de Vladimir Lenin e as acusações de Karl Marx, quando comparadas com as obras de Ruskin, eram como os clichês de um clérigo rural (embora, como ele gostava de caçoar dos rotuladores, Ruskin tenha se descrito como "um conservador violento da velha escola – a escola de Walter Scott e de Homero"). "Encontrei em minha vida alguns personagens extremamente revolucionários", prosseguiu Shaw, "e um bom número deles, quando eu perguntava: 'Quem o colocou nos trilhos revolucionários? Foi Marx?', tinha como resposta: 'Não, foi Ruskin.' Os ruskinistas são talvez os mais esmerados de todos os oponentes do estado atual de nossa sociedade. A mensagem política de Ruskin às pessoas cultas do seu tempo, a classe à qual ele próprio pertenceu, começava e terminava nesta simples sentença: 'Somos um bando de ladrões.'"

Ruskin não era o único a ter essa opinião. Outros no século XIX martelavam, em vozes que alternavam entre raiva e melancolia, críticas idênticas sobre a forma como o dinheiro aparentemente se tornara o principal determinante do respeito, algo a ser brandido como um sinal de bondade demonstrável e não apenas um componente, e talvez não o mais importante, de uma vida satisfatória. "Os homens sempre estão prontos a considerar a riqueza como um fim precioso em si mesmo e sem dúvida nunca estiveram tão dispostos a considerá-la assim como na Inglaterra de hoje", lamentou Matthew Arnold em *Culture and Anarchy* (1869). "Jamais as pessoas acreditaram em alguma coisa com tanta firmeza como acreditam hoje nove entre dez ingleses que nossa grandeza e bem-estar são proporcionados pelo fato de sermos tão ricos." Como Ruskin sete anos antes, Arnold estimulou os súditos da primeira e mais avançada nação do mundo a pensar na riqueza como um dos muitos instrumentos para garantir a felicidade, uma qualidade que ele definiu a seu próprio modo (para os risos de escárnio dos críticos do *Daily Telegraph*) como "uma atividade espiritual interior, caracterizada por uma doçura superior, uma luz superior, uma vida superior e uma solidariedade superior".

Thomas Carlyle concordou, só que de modo mais colérico. Em *Midas* (1843), ele perguntou: "Esta indústria bem-sucedida da Inglaterra, com sua riqueza bombástica (...), a quem de nós ela enriqueceu? (...) Temos móveis suntuosos, mas nos esquecemos de viver no meio deles. Muitos homens desfrutam da culinária mais requintada, bebem as bebidas mais caras, mas, em seu coração, que aumento de bem-aventurança há? Serão eles melhores, mais bonitos, mais fortes, mais corajosos? Serão o que chamam de 'mais felizes'? Olharão com satisfação para mais coisas e faces humanas nessa terra de Deus; farão com que mais coisas e faces humanas olhem satisfeitas para eles? Não... Nós nos esquecemos completamente de que o pagamento em dinheiro não é a única relação entre seres humanos".

Carlyle não estava cego aos benefícios do desenvolvimento moderno. Ele chegou a sentir o apelo de alguns aspectos da contabilidade ("a manutenção de livros contábeis pelo método das partidas dobradas é admirável e registra várias coisas com precisão"). Mas, como Arnold, Ruskin e vários críticos sociais antes e depois dele não conseguiam aceitar uma forma de vida na qual o que ele denominou "adoração a Mamon" aparentemente subjugou o impulso para a "bem-aventurança" e a "satisfação" na "terra de Deus".

Mudança política

1
Por mais que uma hierarquia social possa nos desagradar e nos deixar perplexos, nós conseguimos aceitá-la por causa do pressuposto resignado de que ela é demasiado arraigada e bem fundamentada para ser questionada, as crenças da sociedade que as sustentam são quase imutáveis, de que elas são simplesmente naturais.

2
Ao longo da história, muitas ideias foram consideradas naturais:

"O fato é que foi estabelecido que o homem no início dominasse a mulher: e isso é um decreto eterno que não temos o direito nem o poder de alterar." Conde Percy (1873)

"Há mais diferença, física e moral, entre um homem europeu educado e uma mulher europeia educada do que há entre um homem europeu e um negro que pertença a alguma tribo selvagem da África Central." Lorde Cromer (1911)

"A maioria das mulheres (para felicidade delas) não é muito perturbada por sensações sexuais de qualquer tipo." Sir William Acton (1857)

"Como a raça dos africanos é inferior à do homem branco, a subordinação ao homem branco é sua condição normal. Portanto, nosso sistema, que considera a África inferior, baseia-se em uma importante lei da natureza." Alexander Stephens (1861)

3

Pode-se dizer que a consciência política surge quando reconhecemos que as opiniões sustentadas por vozes importantes na sociedade como verdades a priori podem ser relativas e sujeitas à investigação. Essas opiniões podem ser declamadas com confiança, podem dar a impressão de pertencer à estrutura da existência tanto quanto as árvores e o céu, mas são compostas – insiste uma perspectiva política – por seres particulares com interesses particulares práticos e psicológicos a defender.

Se é difícil ter em mente essa relatividade, é porque em geral as crenças dominantes esmeram-se em sugerir que elas não são mais alteráveis pelas mãos humanas do que a órbita do Sol. Elas afirmam estar apenas declarando o óbvio. São, para usar uma palavra útil de Karl Marx, ideológicas, definindo-se uma declaração ideológica como aquela que tem por objetivo inculcar sutilmente uma ideia parcial enquanto finge estar falando de modo neutro.

Para Marx, as classes dirigentes da sociedade são amplamente responsáveis pela disseminação das crenças ideológicas, o que explica por que, nas sociedades em que uma classe proprietária de terras controla o poder, o conceito da nobreza inerente à posse de terras é tomado como certo pela maior parte da população (mesmo por muitos daqueles que fracassam nesse sistema), enquanto nas sociedades mercantis são as realizações dos empresários que dominam a visão que os cidadãos têm do sucesso. Citando a frase de Marx: "As ideias dominantes de cada época são sempre as ideias da classe dominante".

Mas essas ideias nunca seriam estabelecidas se parecessem dominar pela força. As declarações ideológicas são tais que, a menos que nosso senso político seja desenvolvido, não conseguiremos reconhecê-las. A ideologia é liberada na sociedade como um gás incolor e inodoro. Está incrustada em jornais, anúncios publicitários, programas de televisão e livros didáticos – onde ela, talvez ilógica ou injustamente, disfarça sua visão parcial de mundo e insinua mansamente que está apenas declarando antigas verdades das quais só um idiota ou um louco discordaria.

4

Mas a mente política nascente rejeita a polidez e a tradição, recusa-se a se culpar por adotar uma atitude contrária e pergunta, com a inocência de uma criança, mas com a tenacidade de um criminalista: "Tem de ser assim?"

Uma situação opressiva, que poderia ter sido tomada como indicação de que a natureza condenou uma pessoa a sofrer perpetuamente, talvez seja atribuída – ao ser interpretada em sentido político – a certas forças talvez mutáveis na sociedade. A culpa e a vergonha podem ser transmutadas em compreensão e em uma busca por uma distribuição mais equitativa de status.

5

George Bernard Shaw, *The Intelligent Woman's Guide to Socialism and Capitalism* (Londres, 1928):

"Você tem que livrar a mente da fantasia que nos foi ensinada quando crianças de que as instituições sob as quais vivemos são naturais, como as condições climáticas. Não são. Como elas existem em toda parte em nosso mundinho, tomamos por certo que sempre existiram e que existirão para sempre. Esse é um erro perigoso. Elas são na verdade artífices transitórios. Mudanças que ninguém pensou que fossem possíveis ocorrem em algumas gerações. As crianças de hoje acreditam que passar nove anos na escola, ganhar aposentadorias por idade e viuvez, direito de voto para mulheres e senhoras de saias curtas no Parlamento fazem parte da ordem da natureza, sempre foi assim e sempre será; mas suas bisavós teriam dito que seria louco quem quer que lhes falasse que essas coisas aconteceriam – e que qualquer um que desejasse sua chegada seria insolente."

6

O grupo de pessoas que talvez tenha alterado com mais sucesso seu status nas sociedades ocidentais no século XX foi o das mulheres – e a forma como várias delas passaram a se sentir com autoridade para questionar sua situação fornece muitos insights sobre o desenvolvimento de uma consciência política.

Virginia Woolf começou *Um teto todo seu* (1929) descrevendo uma visita que fizera em um outono à

Universidade de Cambridge, durante a qual ela decidiu dar uma olhada na biblioteca do Trinity College – para consultar os manuscritos de *Lycidas*, de Milton, e *The History of Henry Esmond*, de Thackeray. Mas quando estava prestes a entrar na biblioteca apareceu "um cavalheiro reprovador, rico e afável" e "lamentou em voz baixa que as senhoras só eram admitidas na biblioteca se acompanhadas por um membro do College ou munidas de uma carta de apresentação". Em um tom melancólico, Woolf se ergueu contra um dos mais imponentes pilares sobre os quais se fundamentava o status inferior das mulheres: sua privação de direitos iguais à educação superior.

Muitas mulheres teriam ficado magoadas com o incidente, mas é provável que poucas respondessem à ofensa em tom político. Provavelmente, a maioria não teria feito outra coisa que não fosse se culpar ou culpar a natureza ou Deus por isso. Afinal, nunca na história as mulheres tiveram os mesmos direitos à educação que os homens. Muitos dos mais importantes médicos e alguns políticos do parlamento britânico não haviam se referido à mente biologicamente inferior das mulheres, que provinha do tamanho reduzido de seus crânios? Que direito, então, qualquer mulher tinha de duvidar dos motivos do cavalheiro que a fizera sair de uma biblioteca, especialmente se ele tivesse transmitido sua mensagem com desculpas e um sorriso educado?

Woolf não se deixou silenciar com tanta facilidade. Realizando uma manobra política perfeita, em vez de se perguntar: "O que há de errado comigo para que eu não possa entrar em uma biblioteca?", ela indagou: "O que há de errado com os encarregados da biblioteca para não permitirem que eu entre?" Quando ideias e instituições são consideradas meramente "naturais", a responsabilidade pelo sofrimento deve necessariamente ser de ninguém em particular ou das próprias partes afetadas. Mas, de uma perspectiva política, somos levados a imaginar que pode ser a ideia, em vez de alguma coisa em nosso caráter, que está errada. Em vez de nos perguntarmos angustiados: "O que há de errado comigo [por ser uma mulher/ter pele escura/não ter dinheiro]?", somos estimulados a perguntar: "O que pode haver de errado, injusto ou ilógico nos outros para que me reprovem?" – uma pergunta feita não a partir de qualquer convicção de inocência (a atitude daqueles que usam o radicalismo político como meio paranoico de evitar a autocrítica), mas a partir de um reconhecimento de que há mais insensatez e sectarismo nas instituições, ideias e leis do que uma perspectiva naturalista nos permite conceber.

No caminho de volta para seu hotel em Cambridge, Woolf tentou se distanciar da ofensa recebida para considerar a posição das mulheres de modo geral: "Ponderei que efeito a pobreza e a riqueza têm sobre a mente, pensei em como era desagradável ser excluída, na segurança e prosperidade de um sexo e na pobreza e insegurança do outro". Ela refletiu sobre o modelo feminino com que fora criada e duvidou dele: uma mulher sempre era "imensamente encantadora e completamente altruísta. Ela se superava na difícil arte da vida familiar. Ela se sacrificava diariamente. Se houvesse frango, pegaria uma coxa; se houvesse uma corrente de ar, se sentaria nela – em resumo, ela era de tal modo constituída que nunca teria um pensamento ou desejo só seu, mas preferiria se solidarizar sempre com os pensamentos e desejos dos outros".

Ao voltar a Londres, as perguntas continuaram: "Por que os homens bebem vinho e as mulheres, água? Por que um sexo era tão próspero e o outro tão pobre?". Querendo "estender o que era pessoal e acidental nessas impressões" de subjugação feminina, Woolf foi à Biblioteca Britânica (onde as mulheres vinham tendo permissão para entrar havia duas décadas) e pesquisou a história das atitudes dos homens em relação às mulheres ao longo dos tempos. Descobriu um fluxo de preconceito extraordinário e verdades simplórias transmitidas com autoridade por pregadores, cientistas e filósofos. As mulheres, diziam, eram inferiores por ordem de Deus, eram constitucionalmente incapazes de governar ou administrar um negócio, eram fracas demais para ser médicas, quando estavam em seu período menstrual não podiam operar máquinas nem permanecer imparciais durante julgamentos. E, por trás desse abuso, Woolf reconheceu que o problema era o dinheiro. As mulheres não tinham liberdade, inclusive liberdade de espírito, porque não tinham controle sobre a própria renda: "As mulheres sempre foram pobres, não por dois séculos apenas, mas desde o começo dos tempos. As mulheres têm menos liberdade intelectual do que os filhos dos escravos atenienses".

O livro de Woolf culminou em uma demanda específica e política: as mulheres precisavam não só de dignidade, mas também de direitos iguais à educação, uma renda de "quinhentas libras por ano" e "um teto só seu".

7

O elemento ideológico no ideal moderno de status pode não ter a estridência dos pronunciamentos do século XIX sobre raça ou gênero. Ele usa um sorriso e está em lugares inócuos, no bricabraque do que lemos e ouvimos. No entanto, continua sendo uma concepção igualmente parcial e às vezes preconceituosa de como se deve levar uma vida boa e merece maior análise do que sugere.

As mensagens emanam de declarações ubíquas da sociedade e das imagens para as quais somos menos impermeáveis do que podemos pensar. Isso significaria, por exemplo, entender os poderes de um jornal de domingo para nos certificarmos de que podemos assimilar seu conteúdo e prosseguir com um senso de prioridades e desejos não menos alterados do que se tivéssemos passado o mesmo período lendo um capítulo de *A cultura do Renascimento na Itália*, de Jacob Burckhardt, ou a *Epístola* de Paulo aos Gálatas (o ritual de ler o jornal de domingo

substituiu, aos olhos de Max Weber, o comparecimento à igreja).

8

O que a perspectiva política busca acima de tudo é uma compreensão da ideologia, para chegar ao ponto em que ela, a ideologia, é desnaturalizada e reduzida por meio de

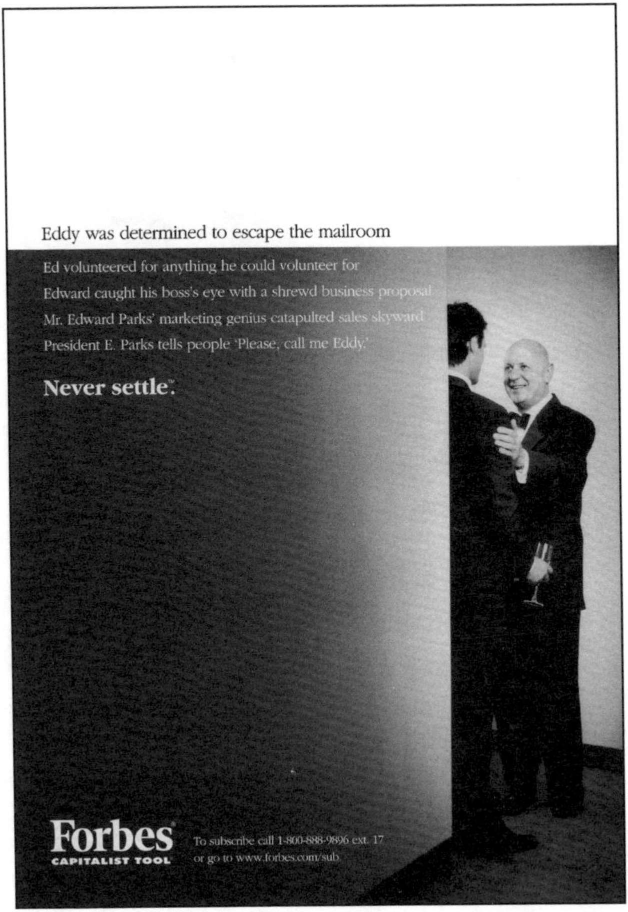

análise – para que possamos trocar a reação confusa e deprimida à ideologia por uma apreensão genealógica clara de suas origens e efeitos.

Quando devidamente investigado, o ideal moderno de status elevado deixa de parecer natural ou uma dádiva de Deus. Surge como um desenvolvimento proveniente de mudanças na produção industrial e na organização

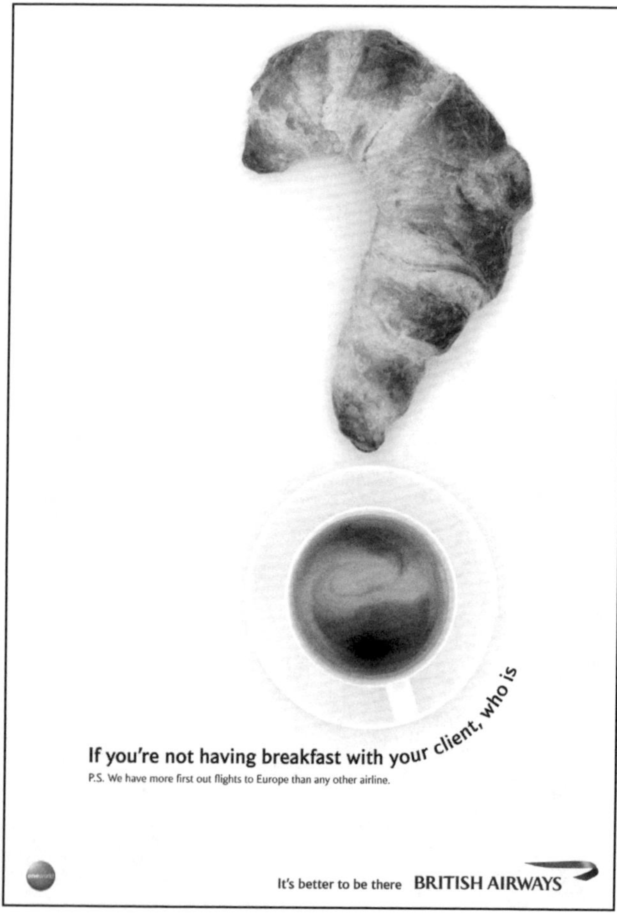

política que começou na Grã-Bretanha na segunda metade do século XVIII e subsequentemente se espalhou pela Europa e a América do Norte. O entusiasmo pelo materialismo, pelo mundo dos negócios e pela meritocracia impregnou os jornais e programas de televisão ("As ideias dominantes de cada época são sempre as ideias da classe dominante"), refletindo os interesses daqueles que estão comandando o sistema através do qual a maioria ganha sua vida.

Tal compreensão não elimina miraculosamente quaisquer desconfortos que possam surgir a partir do ideal de status. Para muitas dificuldades políticas, a sua compreensão tem a mesma relação de um satélite meteorológico com a crise de meteorologia. Nem sempre pode evitar problemas, mas pode, no mínimo, nos ensinar muitas coisas úteis sobre as melhores maneiras de abordá-los, diminuindo muito a sensação de perseguição, passividade e confusão. Indo além, entender pode ser o primeiro passo para uma tentativa de mudar os ideais da sociedade, ajudando a gerar um mundo onde será um pouco menos provável que a veneração e a honra sejam dirigidas de forma dogmática ou não cética àqueles que ainda têm pernas de pau.

IV. CRISTIANISMO

Morte

1

O herói da novela *A morte de Ivan Ilitch*, de Tolstói (1886), há muito deixara de ser apaixonado pela esposa, os filhos eram um mistério para ele e não tinha amigos a não ser os que o fizessem progredir em sua carreira e cujas posições elevadas refletiam gloriosamente nele. Ivan Ilitch é um homem preocupado em excesso com status. Mora em um grande apartamento em São Petersburgo, decorado de acordo com a moda da época, e ali oferece jantares frequentes e desinteressantes onde nada de caloroso ou sincero é dito. Trabalha como juiz do supremo tribunal e gosta de seu posto principalmente por causa do respeito que lhe traz. Às vezes, tarde da noite, Ivan Ilitch lê um livro que é "comentado na cidade" e aprende em revistas qual é a atitude correta a tomar. Tolstói resume a vida do juiz: "Os prazeres que Ivan Ilitch obteve com o trabalho eram os do orgulho; os prazeres que obteve com a sociedade eram os da vaidade; mas era um prazer genuíno o que ele obtinha ao jogar uíste".

Então, aos 45 anos, Ivan desenvolve uma dor nas costelas que aos poucos se estende pelo corpo inteiro. Os médicos ficam perplexos, tentando entender o que está errado. Falam de modo vago e pretensioso de fígados flutuantes e níveis de sal desequilibrados e lhe prescrevem um coquetel de remédios cada vez mais caros e ineficazes. Ele fica cansado demais para trabalhar, suas entranhas parecem estar em brasa, perde o apetite pela comida e, mais significativamente, pelo uíste. Aos poucos o juiz e todos os que o cercam começam a entender que ele em breve estará morto.

Essa não é uma ideia desagradável para muitos dos colegas de Ivan no judiciário. Fiódor Vasilyevich prevê que, com a morte de Ivan, provavelmente assumirá o cargo de Shtabel ou de Vinnikov – e que a promoção representará um aumento de oitocentos rublos, além de uma verba para despesas de escritório. Outro colega, Piotr Ivanovich, imagina que agora haverá uma oportunidade de conseguir que seu cunhado seja transferido de Kalugo, o que agradará à mulher e aliviará sua situação doméstica. As notícias são um pouco mais difíceis para a família de Ivan. Sua esposa, embora não lamente diretamente a morte do marido, preocupa-se com o tamanho da pensão, enquanto a filha socialite teme que os funerais do pai estraguem seus planos de casamento.

De sua parte, Ivan, com apenas algumas semanas de vida, reconhece que desperdiçou seu tempo na terra, que teve uma existência exteriormente respeitável mas interiormente estéril. Avalia o passado, sua criação, sua educação e carreira e descobre que tudo o que fez foi motivado pelo desejo de parecer importante aos olhos dos outros; seus próprios interesses e sua sensibilidade foram sacrificados para impressionar as pessoas que, só agora ele vê, não deram a mínima para ele. Uma noite, no meio da madrugada, atormentado pela dor, "ocorreu a ele que aquele impulso, quase imperceptível, de protestar contra o que as pessoas de status elevado consideravam bom, um impulso vago que ele sempre tinha reprimido, podia ter sido exatamente o que importava e todo o resto não fora real. Seus deveres profissionais, seu jeito de viver, sua família, os valores das pessoas da sociedade e sua profissão – tudo isso pode não ter sido real".

A sensação de ter desperdiçado sua curta vida é composta pelo reconhecimento de que era somente de seu status que as pessoas gostavam, não de seu eu verdadeiro e vulnerável. Ele foi respeitado por ser juiz, por ser um pai e chefe de família rico, mas com esses ativos prestes a desaparecer, em agonia e medo, ele não podia contar com o amor de ninguém: "O que mais atormentava Ivan Ilitch era que ninguém lhe dava o tipo de compaixão pelo qual ansiava. Havia momentos, depois de um longo sofrimento em que o que queria acima de tudo (embora fosse vergonhoso para ele reconhecer) era receber a piedade dada a uma criança doente. Queria ser cuidado, beijado, pranteado, como crianças doentes eram cuidadas e confortadas. Ele sabia que era um funcionário importante com uma barba ficando grisalha, e portanto isso era impossível; mas ao mesmo tempo ansiava por essa atenção".

Depois do último suspiro de Ivan Ilitch, seus ditos amigos vieram prestar seus respeitos, mas todos lamentaram a interrupção que a morte causava no jogo de uíste programado. Olhando para o rosto de cera e vazio de Ivan em seu caixão, seu colega Piotr Ivanovich começa a refletir que a morte pode um dia chamá-lo também – e que isso podia ter implicações graves, especialmente para a lógica de gastar a maior parte de suas energias em jogos de cartas. "'Por que a mesma coisa pode acontecer comigo a qualquer hora', pensou Piotr Ivanovich e, por um momento, sentiu-se tomado pelo pânico. Mas ao mesmo tempo, sem saber como, foi resgatado pela reflexão costumeira de que tudo isso tinha acontecido com Ivan Ilitch, e não com ele, que não podia e não devia acontecer com ele; e que se admitisse essa possibilidade, sucumbiria à depressão."

2

A morte de Ivan Ilitch é, na melhor tradição do *memento mori* cristão, um estudo de como a ideia da morte pode reorientar nossas prioridades para longe do material e em direção ao espiritual, para longe do uíste e dos jantares e em direção à verdade e ao amor.

Se Tolstói entendia tão bem o poder da morte de mudar nossa noção do que deve ser motivo de preocupação, foi porque ele próprio tinha questionado sua vida, apenas alguns anos antes de escrever essa novela, ao tomar consciência de sua mortalidade. Em *A confissão* (1882), um registro de suas indagações inspiradas pela morte, ele explicou que, aos 51 anos, após ter escrito *Guerra e paz* e *Anna Karenina*, mundialmente famoso e rico, reconhecera como, em uma idade precoce, tinha vivido não de acordo com seus próprios valores ou com os valores de Deus, mas com os valores da "sociedade" e como isso inspirara nele um desejo insaciável de ser mais forte que os outros; ser mais famoso, mais importante e mais rico que eles. Em seu círculo social, "a ambição, o amor pelo poder, a cobiça, a lascívia, o orgulho, a raiva e a vingança eram respeitados". Mas agora, com a morte em mente, ele duvidava do valor de suas ambições anteriores. "'Bem, você terá seis mil *desyatinas* de terras no governo de Samara e trezentos cavalos, e depois? (...) Muito bem; você será mais famoso que Gogol, Puchkin, Shakespeare, Molière ou do que todos os escritores do mundo – e que importa?' Não consigo encontrar resposta alguma."

A resposta que pôs um fim a suas perguntas foi Deus. Ele passaria o resto de seus dias vivendo em obediência aos ensinamentos de Jesus Cristo. O que quer que pensemos da solução particularmente cristã para a crise de propósito de Tolstói, sua jornada cética segue uma trajetória comum. É um exemplo de como a ideia da morte pode servir como guia para uma forma de vida mais verdadeira e mais significativa; é um apelo solene, para seguir a *Cantata BWV 106* de Bach (*Gottes Zeit ist die allerbeste Zeit*), para que nossas prioridades sejam determinadas:

> Coloca tua casa em ordem,
> Pois tu morrerás
> E não permanecerás vivo.
> Esta é a antiga lei:
> Homem, tu deves morrer.
> Sim, vinde, Senhor Jesus.

3

Mas como, especificamente, uma doença fatal poderia servir para fazer com que nos afastemos de uma preocupação excessiva com o status?

Principalmente, retirando de nós muitas das razões pelas quais a sociedade honra seus membros: por exemplo, a capacidade de oferecer jantares, de trabalhar com produtividade e dispensar condescendência. Ao assim fazer, a morte revela a fragilidade e, portanto, talvez a falta de valor, da atenção que conquistamos com o status. Com boa saúde e no auge de nossos poderes, somos poupados de uma indagação sobre se aqueles que nos cumprimentam o fazem por afeição sincera ou por uma busca evanescente por vantagens. Mal temos a coragem ou o cinismo para perguntar: "Esse sou eu ou minha posição na sociedade?". Porém, por derrubar as condições do amor mundano, a doença torna essa distinção evidente com rapidez e crueldade. Com a morte avultando, em um pijama de hospital, estamos sujeitos a nos irritar com os que nos amam em virtude de nosso status, sentimos raiva de nós mesmos por sermos fúteis o bastante para nos deixar seduzir por eles e também raiva deles por orquestrarem suas seduções impiedosas. A ideia da morte traz autenticidade à vida social. Pode não haver melhor maneira de limpar a agenda de compromissos do que se perguntar quem entre nossos conhecidos faria a viagem para o leito hospitalar.

Da mesma forma que o amor condicional, muitas coisas que procuramos a fim de garanti-lo começam a parecer menos interessantes. Se a riqueza, a estima e o poder nos compram o tipo de amor que só durará se tivermos status e no entanto somos destinados a terminar a vida indefesos e desgrenhados, ansiando por sermos confortados como uma criancinha, então temos um motivo excepcionalmente claro para concentrar as energias naqueles relacionamentos que suportarão melhor a erosão de nossa posição.

4

Heródoto conta que era hábito, no final dos banquetes egípcios, quando os farristas estavam fartos, os servos entrarem nas salões de banquetes e passarem entre as mesas carregando esqueletos sobre padiolas. Lamentavelmente, ele não prosseguiu para explicar que efeito a ideia da morte pretendia ter nos foliões. Teria deixado todos mais propensos a continuar com a farra ou os mandava para casa com um novo espírito de seriedade?

O efeito da ideia da morte talvez seja o de nos conduzir para o que quer que seja mais importante para nós, seja beber às margens do Nilo, escrever um livro ou fazer fortuna e ao mesmo tempo nos estimular a prestar menos atenção aos veredictos dos outros, que não terão, afinal, de passar pela morte em nosso lugar. A perspectiva da própria extinção pode nos atrair para o modo de viver que valorizamos no fundo do coração.

A ideia anima a renomada tentativa de Andrew Marvell de levar uma jovem hesitante para a cama, através de um poema que destaca não só sua beleza e sua fidelidade, mas também o fato aparentemente menos romântico de que ela e ele em breve não estarão mais ali. Como a heroína de "To His Coy Mistress" (1681) aparentemente não pode expressar seus desejos devido às angústias relacionadas com a opinião de seus pares, Marvell usa o espectro da morte para desviar a atenção dela de seu status na comunidade e atraí-la para seus próprios desejos. Seu recato não seria crime, explica o poeta, se não fosse o seguinte:

> Às minhas costas sempre ouço
> A carruagem alada do tempo se aproximar;
> E acolá estão todos que nos antecedem
> Desertos de vasta eternidade...
> O cemitério é um lugar bom e privado,
> Mas ninguém, penso eu, submete-se a ele.

Shakespeare também parecia ciente das vantagens de seduzir as pessoas lembrando-lhes de sua morte; vários de seus sonetos instam suas amadas a antever o momento em que:

> Quarenta invernos acossarão teu semblante
> E abrirão fossos profundos no campo de tua beleza
> e quando o tempo terá mudado:
> ...teu tempo de juventude para macular a noite...

Embora se possa abusar da ideia da morte (para apavorar os outros, levando-os a fazer o que nunca quiseram), ela pode, de modo mais promissor, nos ajudar a corrigir a nossa tendência a viver como se pudéssemos adiar para sempre nossos desejos mais importantes em prol da conquista de propriedades. A ideia da morte pode nos emprestar a coragem para nos libertarmos das expectativas mais infundadas da sociedade. Diante de um esqueleto, os aspectos repressivos da opinião dos outros normalmente perdem seus poderes de intimidação.

5

Quaisquer que sejam as diferenças existentes entre as ideias cristãs e as ideias laicas sobre as atividades que continuam sendo significativas quando vistas sob a perspectiva da morte, parece haver uma ênfase surpreendentemente comum no amor, nas relações sociais autênticas, na caridade, e uma condenação comum das preocupações com o poder, a força militar, a ambição financeira e a glória. Há determinadas atividades que quase universalmente não são consideradas importantes perto da ideia da morte.

Em outra passagem, Heródoto nos conta de Xerxes, poderoso rei da Pérsia que, depois de ter invadido com sucesso a Grécia com um exército de aproximadamente dois milhões de homens em 480 a.C., a princípio vangloriou-se por sua habilidade e boa sorte quando viu todo o Helesponto cheio das naves de sua frota e todas as campinas cobertas com seus regimentos. Mas, alguns minutos depois, começou a chorar. Seu sobrinho Artabano, surpreso e parado ao lado dele, perguntou-lhe por que um homem na posição de Xerxes choraria. Xerxes respondeu que ele tinha acabado de perceber que em cem anos todos esses que estavam com ele, cada um dos soldados e marinheiros que o ajudaram a apavorar todo o mundo conhecido, estariam mortos.

É possível ficar não menos triste, e não menos cético, com o valor de certas realizações e ideias sobre o que é importante quando vemos um retrato dos participantes de uma conferência para vendedores da Heinz em Chicago, na primavera de 1902. Podemos pensar nos planos empolgados de aumentar o volume de ketchup e picles nas lojas de todos os Estados Unidos – e chorar com a amargura do rei Xerxes da Pérsia.

Vendedores da Heinz, banquete fechado, convenção de vendas, Chicago, 1902

É claro que a anulação de nossos esforços pelas mãos da morte é aparente em outras tarefas além da conquista de nações e da construção de grandes marcas. Podemos ver uma mãe ensinando o filho com covinhas na bochecha a amarrar os cadarços do sapato e verter muitas lágrimas à ideia do futuro funeral dos dois. Todavia, podemos sentir que criar um filho sobrevive à ideia da morte melhor que vender condimentos; que ajudar um amigo tem uma vantagem sobre liderar um exército.

"Futilidades e futilidades, tudo é futilidade", lamentou o autor do *Eclesiastes* (I.2)."Uma geração passa e outra geração vem, mas a terra permanece para sempre." No entanto, sugeririam os moralistas cristãos, nem todas as coisas são igualmente vãs. Em terras cristãs, durante o século XVI, um novo tipo de arte se desenvolveu e conquistou as classes consumidoras de arte pelos dois séculos seguintes.

A "arte vanitas", batizada em tributo ao Eclesiastes, era pendurada em ambientes domésticos, com frequência em estúdios ou quartos. As telas retratavam uma mesa onde eram colocados objetos numa confusão contrastante. Havia flores, moedas, uma guitarra ou bandolim, jogos de xadrez, uma coroa de louros e garrafas de vinho: símbolos da frivolidade e da glória terrenas. E entre eles eram colocados dois grandes símbolos da morte e da brevidade da vida: uma caveira e uma ampulheta.

O propósito dessas obras não era deixar seus proprietários deprimidos com a futilidade das coisas. Em vez disso, era incentivá-los a descobrir falhas em aspectos específicos de sua existência, enquanto ao mesmo tempo elas lhes permitiam tratar mais seriamente as virtudes do amor, da bondade, da sinceridade, da humildade e da gentileza.

Philippe de Champaigne, *Vanitas*, c. 1671

Simon Renard de Saint-André, *Vanitas*, c. 1662

6

Além de refletir sobre nossa própria mortalidade, pode ser um alívio para o desejo de status imaginar a morte dos outros, em particular a morte daqueles cujas realizações fazem com que nos sintamos inadequados e invejosos. Embora sejamos esquecidos e ignorados, embora os outros sejam poderosos e reverenciados, podemos encontrar conforto na ideia de que todos um dia terminarão como a mais democrática das substâncias: o pó.

Nos arredores da aldeia de Walsingham, em Norfolk, no ano de 1658, um agricultor cultivando o campo topou com uma fila de cinquenta urnas funerárias, nas quais um grupo de aristocratas tinha sido cerimoniosamente sepultado na era romana ou saxã. A descoberta das urnas criou pouca sensação em East Anglia e chamou a atenção de um médico que vivia em Norwich. No fim do ano, Sir Thomas Browne tinha usado a descoberta das urnas como ponto de partida para uma reflexão digressiva sobre a futilidade de se lutar pela grandeza terrena, sobre a imperfeição humana e sobre a consequente necessidade de reconhecer nossa dependência de Deus para obter a salvação: "Urne-Buriall, or, A Brief Discourse on the Sapulchrall Urnes lately found in Norfolk".

"Em um campo da velha Walsingham, há não muitos meses, foram desenterradas entre quarenta e cinquenta urnas", relatou Browne na sua linguagem característica e cadenciada, "depositadas em um solo seco e arenoso, a menos de um metro de profundidade, não muito distantes umas das outras (...) algumas contendo quase um quilo de ossos, distinguíveis em crânios, costelas, mandíbulas, fêmures e dentes." O que interessou Browne foi como a identidade dos mortos, as pessoas mais ricas e mais importantes da região, tinha se perdido inteiramente no tempo. Alguns afirmaram que as urnas continham romanos, porque o local do sepultamento não distava muito da antiga guarnição romana; Browne conjeturou que mais provavelmente eles eram "nossos antepassados britânicos, saxões ou dinamarqueses". Todavia ninguém jamais saberia seus nomes, nem mesmo em que século tinham morrido. A partir disso, Browne passou a reflexões sobre o poder do tempo e zombou de todas as nossas reivindicações à grandeza e à distinção na terra: "Quem sabe o destino de seus ossos ou quantas vezes eles serão enterrados?", perguntou ele, desafiando os aristocratas mortos, que podem ter se sentido seguros de seu lugar no mundo, oferecendo recepções, tocando lira e olhando-se no espelho pela manhã com confiança. "Não existe antídoto contra o ópio do tempo. (...) Gerações passam enquanto algumas árvores ficam e velhas famílias não duram mais que três carvalhos." Nas palavras de Browne, o dever do cristão sincero era marcar "não o registro do homem", mas "o Registro de Deus".

A mensagem pode parecer melancólica, mas é inquestionavelmente mais melancólica para os que hoje têm sua vida presa aos prazeres de uma posição de status elevado do que para os que são ignorados pela sociedade e, portanto, já estão familiarizados com o esquecimento que seus opostos privilegiados um dia acabarão por conhecer. A morte tem as lições mais cruéis a ensinar aos ricos, belos, famosos e poderosos, as mesmas pessoas cujos bens terrenos, de acordo com a compreensão cristã, afastam-nos ainda mais de Deus.

Na Inglaterra, em meados do século XVIII, essa moral de inspiração cristã foi repetida por um grupo de poetas conhecido como a Graveyard School, porque sua base eram poemas nos quais um narrador se vê no pátio do cemitério em uma noite enluarada e, junto a alguns túmulos meio desfigurados, reflete sobre o poder que a morte tem de aniquilar realizações e glória – um fenômeno que, evidentemente, não aborrecia muito os poetas e parecia na verdade ser uma fonte de alegria mal reprimida. No poema de Edward Young, "Night Toughts" (1742), o narrador, sentado em uma lápide coberta de musgo, deixa a mente se voltar para o destino dos grandes homens do passado:

> Sábio, lorde, potentado, rei, conquistador
> A morte os humilha.
> Por que toda essa faina por triunfos de uma hora?

Que importa o que acumulamos de riqueza ou
[conquistamos em fama?
A mais alta posição da terra termina em "Aqui jaz";
E "Do pó ao pó" conclui sua mais nobre canção.

Seu contemporâneo Robert Blair, em "The grave" (1743), elaborado em outro adro, retoma o mesmo tema:

Quando a autoestima, ou a adulação dos outros,
Convence-nos astuciosamente de que somos algo
Acima do nível comum de nossa classe
O túmulo contradiz a lisonja suave
E com a rude verdade nos informa do que somos.

Essa foi uma mensagem reiterada pelo mais notável dos poetas da Graveyard School, Thomas Gray, em seu "Elegy Written in a Country Churchyard" (1751):

A ostentação da heráldica, a pompa do poder,
E toda essa beleza, toda essa riqueza jamais dada,
Esperam da mesma forma a hora inevitável.
Os caminhos da glória só levam ao túmulo.

Para os que são tratados rudemente pela sociedade, há uma vingança antecipada e doce em prever o desaparecimento dos indivíduos e eventualmente da própria sociedade.

Os pintores também se deleitaram produzindo obras que retratam suas civilizações arruinadas no futuro, como um alerta e uma represália contra os guardiões pomposos da época. Tão apaixonado era por pintar os grandes prédios da França moderna em ruínas, que o pintor francês do século XVIII Hubert Robert deu a si mesmo o apelido de "Robert des Ruines". Na Inglaterra, seu contemporâneo Joseph Gandy ganhou fama pintando o Bank of England com o teto desmoronado.

Hubert Robert, *Vista imaginária da grande Gallerie do Louvre em ruínas*, 1796

Cerca de setenta anos depois, Gustave Doré ilustrou Londres como ele imaginava que ficaria no século XXI, lembrando uma versão contemporânea da Roma antiga, completando a imagem com um neozelandês, habitante do país que na época de Doré pensava-se representar o futuro, retratando as ruínas da então nova estação da Cannon Street – como os ingleses tinham ido, no passado, a Atenas ou a Roma para retratar o Partenon ou o Coliseu.

A partir do século XVIII, animados por emoções semelhantes, viajantes partiram para contemplar as ruínas do passado: Troia, Corinto, Pesto, Tebas, Micenas, Knossos, Palmira, Baalbec, Petra e Pompeia. Os alemães, mestres em formular palavras compostas para estados de espírito raros e fugazes (*Weltschmerz*, *Schadenfreude*, *Wanderlust*) cunharam novos termos para descrever a sensação causada pelas antigas pedras: *Ruinenempfindsamkeit*, *Ruinensehnsucht*, *Ruinenlust*. Em março de 1787, Goethe fez duas visitas a Pompeia. "Muitas calamidades aconteceram no mundo", relatou ele em Nápoles, "mas nunca nenhuma que tenha causado tanta diversão para a posteridade como esta." "Que manhãs maravilhosas passei no Coliseu, perdido em um canto daquelas vastas ruínas!", lembrou Stendhal em seu *Promenades dans Rome* (1829) e recomendou olhar as ruínas como "o prazer mais intenso que a memória pode obter". Ele chegou a propor que o Coliseu era mais atraente em ruínas do que poderia ser quando novo.

"Meu nome é Ozimandias, rei dos reis / Vede minhas obras, vós Poderosos, e desesperai-vos!", diz uma inscrição no pedestal de uma estátua de Ramsés II do Egito em "Ozimandias" de Shelley (1818). Mas não é preciso que o poderoso, nem mesmo o humilde, se desespere. Ramsés II repousa em pedaços no chão: "Em volta das ruínas / Desses colossais destroços, infinitos e desertos / As areias planas e tristes estendem-se ao longe."

As ruínas falam da tolice que é abrir mão de nossa paz de espírito em nome das recompensas instáveis do poder terreno. Ao contemplarmos pedras antigas, podemos sentir a extinção da ansiedade em relação a nossas realizações – e à falta delas. O que importa se não temos sucesso aos olhos dos outros, não existem monumentos ou procissões em nossa honra e se ninguém sorri para nós no encontro de ex-alunos? De qualquer modo, tudo está destinado a desaparecer, e os neozelandeses, no devido tempo, retratarão as ruínas de nossos bulevares e escritórios. Do ponto de vista da eternidade, muito pouco do que nos perturba tem importância.

Joseph Gandy, *Vista da rotunda do Bank of England em ruínas*, 1798

Gustave Doré, *O neozelandês*, 1871

As ruínas nos convidam a renunciar a nossas lutas e a nossas imagens de perfeição e satisfação. Elas nos lembram de que não podemos desafiar o tempo e de que somos joguetes de forças de destruição que, na melhor das hipóteses, podem ser mantidas ao largo, mas jamais derrotadas. Podemos desfrutar de vitórias locais, alguns anos em que somos capazes de impor alguma ordem no caos, mas tudo está destinado a ser derramado de volta à sopa primordial. Se essa perspectiva tem o poder de consolar, é talvez porque a maior parte de nossas angústias provém de um senso exagerado da importância de nossos projetos e preocupações. Somos torturados por nossos ideais e por um senso punitivamente arrogante da gravidade do que estamos fazendo.

Os moralistas cristãos compreenderam há muito tempo que, para controlar a angústia, pode ser melhor salientar que, ao contrário do que nos ensina uma mentalidade otimista, tudo na verdade se tornará pior: o teto vai desmoronar, o banco vai ficar em ruínas, vamos morrer, todos que amamos desaparecerão e todas as nossas realizações e até nossos nomes estarão enterrados no chão. Se a ideia traz conforto, pode ser porque algo dentro de nós reconheça de modo instintivo que os nossos sofrimentos estão estreitamente ligados à grandiosidade de nossas ambições. Considerar as nossas preocupações insignificantes com status a partir da perspectiva de mil anos à frente é ter a garantia de um vislumbre raro e tranquilizador de nossa própria insignificância.

7

As grandes paisagens podem ter um efeito semelhante ao das ruínas na diminuição da angústia, porque são representativas de espaço infinito, como as ruínas são representativas do tempo infinito, contra o qual nossos corpos

Acima: David Roberts, *Vista geral de Baalbec*, 1842
Ao lado: David Roberts, *Portal em Baalbec*, 1842

fracos e de vida curta não parecem menos frágeis do que os corpos de traças ou aranhas.

Figura 3

Quaisquer que sejam as diferenças entre as pessoas, elas não são nada perto das diferenças entre os seres humanos mais poderosos e os grandes desertos, as altas montanhas, geleiras e oceanos do mundo. Existem fenômenos naturais tão grandes que tornam as variações entre as pessoas ridiculamente pequenas. Ao passar um tempo em amplos espaços, a consciência de nossa própria insignificância na hierarquia social pode se transformar na consciência reconfortante da insignificância de todos os seres humanos no cosmo.

Figura 4

Podemos superar o sentimento de que somos insignificantes não nos tornando mais importantes, mas reconhecendo a insignificância relativa de todos. Nossa preocupação com quem é alguns milímetros mais alto do que nós (Figura 3) pode dar lugar a uma reverência a coisas um milhão de vezes maiores que nós, uma força que podemos ser levados a chamar de infinito, eternidade – ou simplesmente, e talvez de modo mais útil, Deus (Figura 4).

8
Um bom remédio para as angústias relacionadas com a insignificância pode ser viajar – na realidade ou através de obras de arte – pelos espaços gigantescos do mundo.

Frederic Edwin Church, *Niágara*, 1857

Thomas Moran, *Aproximando-se do campo, entardecer no Upper Colorado River*, Wyoming, 1882

Albert Bierstadt, *Paisagem ocidental*, 1869

Comunidade

1
De acordo com uma ala influente da sociedade laica moderna, há poucos destinos mais desonrosos do que terminar "como todos os outros"; porque "todos os outros" é uma categoria que compreende o medíocre e o conformista, o chato e o suburbano. O objetivo de toda pessoa que é julgada correta deve ser se separar da multidão e "se destacar" de qualquer forma que seus talentos permitam.

2
Mas, segundo o pensamento cristão, ser como todo mundo não é nenhuma calamidade, pois uma das ideias centrais de Jesus era que todos os seres humanos, inclusive os ignorantes, os sem talento e os desconhecidos, são criaturas de Deus e amadas por Ele – e, portanto, merecem a honra devida a toda obra do Senhor. Nas palavras de são Pedro, cada um de nós tem a capacidade de ser um participante "da natureza divina" – uma ideia que desafia com audácia o pressuposto de que algumas pessoas nasceram para a mediocridade e outras para a glória. Não há nenhum ser humano fora do círculo do amor de Deus, insiste o cristianismo, atribuindo autoridade divina à noção de respeito mútuo. O que temos em comum com os outros é o que existe de mais adorável em nós mesmos.

O cristianismo nos leva a olhar além das diferenças superficiais entre as pessoas a fim de focalizar o que considera várias verdades universais, com base nas quais pode ser formado um senso de comunidade e afinidade. Alguns de nós talvez sejam cruéis ou impacientes, confusos ou burros, mas o que deve nos manter unidos é o reconhecimento das vulnerabilidades que compartilhamos. Sob nossas falhas, sempre existem dois ingredientes: o medo e o desejo de amor.

Para estimular o sentimento de companheirismo, Jesus nos estimulou a aprender a olhar os adultos como crianças. Poucas coisas podem transformar mais rápido o que pensamos do caráter de alguém do que imaginá-lo como criança. Dessa perspectiva, estamos mais aptos a expressar a solidariedade e a generosidade que exibimos quase naturalmente com os jovens, que dizemos ser travessos em vez de maus e atrevidos em vez de arrogantes. Pode ser tão difícil odiar uma criança quanto odiar alguém que está dormindo. Com seus olhos fechados e seus traços relaxados e indefesos, os que dormem convidam a um cuidado e um tipo de amor – de tal forma que é constrangedor ficar olhando uma pessoa adormecida a nosso lado em um trem ou avião. Seus rostos nos sugerem uma intimidade que coloca em questão a edificação da indiferença civilizada sobre a qual são construídas as relações comuns. Mas não existe ninguém que seja um estranho, insistiria o cristão, só existe uma impressão de estranheza que surge de não conseguirmos reconhecer que os outros compartilham de nossas necessidades e fraquezas. Nada pode ser mais nobre, nem mais humano, do que perceber que na verdade somos fundamentalmente, no que realmente importa, iguais a todos os outros.

3

A ideia de que os outros podem não ser nem incompreensíveis nem repugnantes tem implicações importantes na nossa preocupação com o status, dado que o desejo de alcançar a distinção social é em grande parte estimulado por uma sensação de horror ao que pode estar vinculado a ser comum. Quanto mais humilhante, frívola, degradada ou feia é a vida comum, mais forte será nosso desejo de nos destacarmos. Quanto mais corrupta a comunidade, mais forte a ânsia por realização individual.

Desde os primórdios, o cristianismo vem tentando elevar, tanto em termos práticos como teóricos, a consciência que temos do valor de pertencer a uma comunidade; e uma das formas usadas para isso é o ritual do serviço da igreja e as apresentações de música sacra – ocasiões em que grandes grupos de estranhos podem sentir uma diminuição de suas suspeitas em relação aos outros graças a um intermediário transcendental.

Podemos nos imaginar participando de uma estranha congregação dentro das paredes de uma catedral ao ouvir a *Missa em si menor*, de Bach ("a maior obra musical de todos os tempos e de todos os povos", Hans-Georg Nägeli, 1817). Muita coisa pode nos separar: idade, renda, roupas e formação. Podemos jamais ter conversado com os outros e temos o cuidado de não permitir que percebam nosso olhar. Mas quando começa a *Missa*, também tem início um processo de alquimia social. A música dá expressão aos sentimentos que pareciam até agora incipientes e privados, e nossos olhos podem se encher de lágrimas de alívio e gratidão pelo fato de o compositor e os músicos terem tornado audíveis, portanto disponíveis para todos nós, os movimentos de nossa alma. Violinos, vozes, flautas, contrabaixos, oboés, fagotes e trompas combinam-se para criar sons que exteriorizam as áreas mais íntimas e indefiníveis de nossa psique. Além disso, a natureza pública da apresentação nos ajuda a perceber que se os outros estão reagindo à música como nós, então eles não podem ser as figuras incompreensíveis que imagináramos antes. Seus sentimentos correm pelas mesmas trilhas que os nossos, eles se emocionam com as mesmas coisas e, assim, quaisquer que sejam as diferenças na aparência e nas maneiras, compartilhamos uma essência comum, na qual pode ser forjada uma conexão que se estende para além da apresentação da própria *Missa*. Um grupo de estranhos, a princípio tão alheios, pode, com o tempo, através do poder da música do coral, adquirir a aparente intimidade de amigos; deslizamos por trás das fachadas e compartilhamos, embora brevemente, uma visão divertida de nossos companheiros.

4

Mas é claro que o que pensamos dos outros não é tão agradável como pode ser em uma catedral. A arena pública em geral é mais decrépita e assustadora, contribuindo para que sintamos um impulso de obter independência física e psicológica.

Há países onde a habitação, o transporte, a educação e a saúde são de tal modo compartilhados que os cidadãos naturalmente procurarão fugir do envolvimento com o grupo e se isolar entre paredes sólidas. O desejo de status elevado nunca é mais forte do que quando o fato de ser comum impõe levar uma vida que deixa de suprir uma necessidade mediana de dignidade e conforto.

Existem também comunidades, muito mais raras, várias delas imbuídas de uma forte herança cristã (com frequência protestante), onde o reino público inspira respeito aos seus princípios e à sua arquitetura e onde a necessidade de escapar para um domínio privado é menos intensa. Os cidadãos podem perder parte de suas ambições por glória pessoal quando os espaços e as instalações públicas de uma cidade são gloriosos de olhar. Ser simplesmente um cidadão comum pode parecer um destino adequado. Na maior cidade da Suíça, o impulso por possuir um carro e evitar dividir um ônibus ou trem com estranhos perde parte da urgência que pode ter em Los Angeles e Londres graças à enorme rede de bondes de Zurique – limpa, segura, aquecida e edificante em sua pontualidade e perícia técnica. Há poucos motivos para viajar sozinho quando, por apenas alguns francos, uma linha de bondes estatal e eficiente transportará uma pessoa pela cidade em um nível de conforto que causaria inveja a um imperador.

Um insight a ser obtido do cristianismo e aplicado à ética comunitária é o de que, à medida que podemos recuperar a consciência da preciosidade de todo ser humano e, mais importante, à medida que podemos desenvolver espaços e maneiras que tragam essa consciência em sua constituição, a concepção do comum perderá suas associações mais sombrias e, consequentemente, o desejo de triunfar e se isolar por trás de paredes sólidas se enfraquecerá – para o benefício psicológico de todos.

Em uma comunidade cristã ideal, o medo de não viver do lado dos vencedores será mitigado e contido por uma igualdade básica de dignidade e recursos. A dicotomia – ser bem-sucedido e prosperar ou fracassar e definhar – deixará de ser uma aflição tão excruciante.

Cidades gêmeas

1

Uma das características centrais do cristianismo pode ter sua origem na opção de carreira escolhida por Jesus. Os carpinteiros da Galileia praticavam um negócio pouco qualificado, inseguro e raramente lucrativo. E no entanto Jesus também era, nas palavras de são Pedro, "a mão direita do céu", o filho de Deus, o rei dos reis, mandado para nos salvar de nossos pecados. A capacidade de combinar em si duas identidades diferentes, sendo a um só tempo um homem de negócios itinerante e o mais santo dos homens, é a base da compreensão cristã de status. De acordo com esse esquema, todo mundo possui dois tipos diferentes e inteiramente não relacionados de status: o status terreno, determinado pela ocupação, renda e as opiniões dos outros, e o status espiritual, determinado pela qualidade de sua alma ou pelo seu mérito aos olhos de Deus após o Juízo Final. Pode-se ser poderoso e reverenciado no reino terreno, enquanto se é desprovido e corrupto no reino espiritual. Ou, como o mendigo Lázaro no Evangelho de São Lucas, pode-se ter somente trapos e ao mesmo tempo estar na glória das riquezas divinas.

Em *A cidade de Deus* (427 d.C.), santo Agostinho explicou que todas as ações humanas podem ser interpretadas de uma perspectiva cristã ou romana e que as próprias coisas que os romanos tinham em tão alta conta – acumular dinheiro, construir aldeias, vencer guerras – não valiam nada no esquema cristão, enquanto um novo conjunto de preocupações – amar o próximo, praticar a humildade e a caridade e reconhecer que dependemos de Deus – oferecia as chaves para o status cristão elevado. Santo Agostinho incorporou esses dois sistemas de valores no que ele denominou duas cidades, a Cidade de Deus e a Cidade Terrena, e afirmou que as duas cidades eram (até o Juízo Final) coexistentes mas separadas: alguém pode ser um rei da Cidade Terrena e, ao mesmo tempo, um servo na celestial.

Foi Dante quem esmiuçou as ideias de Agostinho, oferecendo um relato detalhado de quem terminaria onde, numa caracterização definitiva da hierarquia cristã: o céu e o inferno. Na *Divina comédia* (1315), ele enumerou a existência de não menos que nove círculos diferentes de inferno (com dezessete anéis separados), cada um deles reservado para um tipo específico de pecado e ao mesmo tempo dez diferentes esferas de céu, cada uma delas reservada para um tipo diferente de virtude. A hierarquia religiosa lembrava uma versão distorcida ou invertida de sua contraparte laica. O inferno era lar de uma gama de indivíduos que no passado tinham status

Gustave Doré, *Os violentos torturados na chuva de fogo*, 1861

elevado: generais, escritores, poetas, imperadores, bispos, papas e homens de negócios – que agora estavam privados de seus privilégios e suportando sofrimentos extremos por terem ofendido as leis de Deus. No quarto anel do nono círculo do inferno, Dante encontrou os gritos daqueles que tinham sido poderosos mas traiçoeiros na vida e agora eram mastigados pela boca do gigante de três cabeças, Lúcifer. No primeiro anel do sétimo círculo, o poeta se viu em um rio de sangue fervente, onde Alexandre, o Grande, e Átila, o Huno, lutavam para permanecer à tona, enquanto na margem do rio um grupo de centauros atirava flechas sobre suas cabeças para obrigá-los a voltar a mergulhar na espuma. No quinto círculo, várias autoridades coléricas e proeminentes, cuja índole custou a vida de outros, definhava em um esgoto fétido e pantanoso e

Gustave Doré, *Os ladrões torturados por serpentes*, 1861

sufocava na lama, enquanto no terceiro círculo chovia excremento sobre os que tinham sido glutões quando vivos.

A discrepância entre o status celestial e terreno das pessoas oferecia aos crentes uma forma de abandonar uma visão de sucesso opressiva e unidimensional. O cristianismo não aboliu o conceito de hierarquia; sua contribuição foi a de redefinir o sucesso e o fracasso de uma forma ética e não material – insistindo que a pobreza podia coexistir com a bondade, uma ocupação humilde com uma alma nobre: "A vida de um homem não é constituída pela quantidade de coisas que ele possui", sabia são Lucas, um seguidor do carpinteiro pobre da Galileia.

2

Mas longe de meramente afirmar a superioridade do sucesso espiritual sobre o material, o cristianismo também endossou os valores que reverenciava com uma seriedade e uma beleza sedutoras – em parte pelo uso magistral da pintura, da literatura, da música e da arquitetura. Obras de arte foram utilizadas para justificar as virtudes que nunca antes tinham aparecido tanto no senso de prioridades dos governantes ou do povo.

Por séculos, os talentos dos pedreiros, poetas, músicos e pintores mais requintados – que antes tinham sido convocados a celebrar a glória de imperadores e as vitórias horripilantes das legiões sobre as hordas bárbaras – foram dirigidos para o louvor de atividades como praticar a caridade e respeitar os pobres. A glorificação de valores mundanos não desapareceu, evidentemente, da era cristã – continuaram a existir muitos palácios para lembrar ao mundo os encantos do poder e da riqueza mercantil e rural – mas, pelo menos por algum tempo, em muitas comunidades, as construções mais impressionantes no horizonte eram aquelas que celebravam a nobreza da pobreza, em vez do poder de uma família real ou uma corporação, e as músicas mais comoventes cantavam não a satisfação pessoal, mas o tormento do filho de Deus, que tinha sido:

> desprezado e o mais rejeitado entre os homens;
> homem de dores e que sabe o que é padecer;
> Isaías 53.3-5; G. F. Handel, *Messias* (1741)

Pelas encomendas que fez de recursos estéticos, prédios, telas e missas, o cristianismo criou um baluarte contra a autoridade dos valores terrenos e manteve suas preocupações espirituais à frente da mente e dos olhos.

Nos quatro séculos entre aproximadamente 1130 e 1530, em vilas e cidades em toda a Europa, mais de cem catedrais foram erguidas, suas agulhas dominando o céu, assomando sobre depósitos de grãos, palácios, escritórios, fábricas e casas. Tinham uma grandeza contra a qual poucos prédios podiam competir; proporcionavam um ambiente onde as pessoas de qualquer posição social podiam se reunir e pensar em algumas ideias muito incomuns dentro do contexto da história da arquitetura: o valor da tristeza e da inocência, da humildade e da piedade. Enquanto os outros prédios da cidade serviam a necessidades terrenas – abrigar e alimentar o corpo, permitir o descanso, construir máquinas e implementos para assisti-lo –, a única função das catedrais era esvaziar a mente de projetos egoístas e levá-la para Deus e Seu amor. Os moradores da cidade envolvidos em tarefas mundanas podiam, no decorrer do dia, ao ver o contorno dessas estruturas gigantes, lembrar-se de uma visão da vida que questionava a autoridade das ambições comuns. Entendia-se que uma catedral como a de Chartres, cujas agulhas atingem 105 metros no céu, a altura de um arranha-céu de 34 andares, era o lar dos despossuídos, um símbolo das maravilhas que eles desfrutariam na outra vida. Embora suas residências físicas estivessem em ruínas, era à catedral que eles pertenciam. Sua beleza refletia o seu valor interior; seus vitrais e tetos tornavam vívida a glória da mensagem de Jesus para eles.

3

É claro que o cristianismo não conseguiu abolir a Cidade Terrena e seus valores, mas, apesar disso, se mantemos uma distinção entre riqueza e virtude e ainda falamos que as pessoas são boas em vez de simplesmente importan-

tes, isso se deve em grande parte à impressão deixada na consciência ocidental pela religião que, durante séculos, emprestou seus recursos e seu prestígio à defesa de algumas ideias extraordinárias sobre a distribuição justa de status. Foi obra da genialidade dos artistas e artesãos que trabalharam a serviço do cristianismo dar uma forma duradoura a seus valores religiosos e torná-los reais para nós através do manejo de pedra, vidro, som, palavra e imagem.

Em um mundo onde as construções seculares sussurram-nos incansavelmente a importância do poder terreno, as catedrais no horizonte de grandes cidades podem continuar a proporcionar um espaço imaginário para as prioridades do espírito.

Lee Miller, *Le Déjeneur sur L'Herbe*, 1937. Um grupo de amigos surrealistas em um piquenique em Mougins, na França. À esquerda, Nusch e Paul Eluard. À direita, Ady Fidelin, Man Ray e Roland Penrose.

V. BOEMIA

1

No início do século XIX, um novo grupo de pessoas começou a ser notado na Europa Ocidental e nos Estados Unidos. Com frequência se vestiam com simplicidade, moravam nas partes mais baratas da cidade, liam muito, pareciam não se importar demais com dinheiro, muitos eram de temperamento melancólico, fiéis à arte e não aos negócios ou ao sucesso material, às vezes tinham uma vida sexual anticonvencional, e algumas das mulheres usavam os cabelos curtos antes que fosse moda – eles passaram a ser descritos como "boêmios". A palavra tradicionalmente tinha sido usada em referência aos ciganos e se pensava, de modo equivocado, ter se originado na Europa Central, mas – em especial depois do sucesso de *Scènes de la vie de Bohême* (1851), o relato de vida de Henri Murger nos sótãos e cafés de Paris – a palavra passou a ser usada para designar uma gama de pessoas que não se ajustava, por um motivo ou outro, à concepção burguesa de respeitabilidade.

Desde o início, a boemia era bastante ampla. Os primeiros escritores afirmavam que os boêmios eram encontrados em todas as classes sociais, grupos etários e profissões: homens e mulheres, ricos e pobres, poetas e advogados, cientistas e desempregados. Arthur Ransome, em *Bohemia in London* (1907), assinalou: "A boemia pode estar em toda parte: não é um lugar, mas uma atitude mental". Havia boêmios em Cambridge, Massachusetts e em Venice Beach, na Califórnia; havia boêmios com empregados e outros em cabanas às margens de lagos tranquilos; havia tocadores de violão e biólogos; havia aqueles exteriormente convencionais e outros que preferiam tomar banho nus à luz da lua. A palavra pode ser usada para caracterizar vários fenômenos artísticos e sociais diferentes dos últimos duzentos anos, do romantismo ao surrealismo, dos beatniks aos punks, dos situacionistas aos *kibutzniks*, mesmo sem encontrar algo em comum entre eles.

Em Londres, em 1929, o poeta boêmio Brian Howard convidou alguns amigos para uma festa. No convite tinha uma lista do que ele gostava e do que não gostava – o que, apesar de suas características particularmente inglesas do início do século XX, nos proporciona uma ideia de algumas inclinações e medos característicos que os boêmios manifestaram em toda a sua história:

J ' ACCUSE	J'ADORE
Damas e cavalheiros	Homens e mulheres
Escolas públicas	Nietzsche
Debutantes	Picasso
Sádicos fanáticos por esportes sangrentos	Kokoschka
"Pretendentes aceitáveis"	Jazz
Missionários	Acrobatas
Gente que se preocupa em não conhecer alguém porque tem "uma reputação ruim"	O Mediterrâneo
Os jovens que conhecemos nas festas chatas em casas de campo idiotas	D. H. Lawrence
	Havelock Ellis
	O tipo de gente que sabe que não tem uma alma imortal; e não tem a expectativa de, depois da morte, ter alguma reunião desprezível, apoteose nem NADA

O de que Brian Howard e os seus companheiros boêmios não gostavam pode ser descrito de modo mais sucinto em uma palavra: a burguesia. Tendo chegado à proeminência no mesmo período histórico, na França, depois da queda de Napoleão em 1815, os boêmios afirmavam um desgosto feroz por quase tudo o que a burguesia representava e se orgulhavam da extravagância de seus insultos contra ela.

"O ódio à burguesia é o começo da sabedoria", escreveu Gustave Flaubert, uma expressão padrão para um escritor francês de meados do século XIX, para quem esse desdém era tanto o símbolo de sua profissão quanto ter um caso com uma atriz e fazer uma viagem ao Oriente. Flaubert acusava a burguesia de extremo puritanismo e materialismo, de ser ao mesmo tempo cínica e sentimental, de atolar-se em banalidades, passando séculos, por exemplo, debatendo se o melão era um legume ou uma fruta e se devia ser comido como entrada (à moda francesa) ou como sobremesa (à moda inglesa). Stendhal, que não era mais afetuoso com a burguesia, afirmou: "A conversa do verdadeiro burguês sobre os homens e a vida, que não é mais do que uma coleção de detalhes feios, me causa um ataque profundo do baço quando sou obrigado a ouvi-la por qualquer período de tempo".

Mas o que separava definitivamente a boemia da burguesia não era a escolha de temas de conversa ou sobremesas, mas a resposta à questão de quem merecia status elevado e por que motivo. Desde o início, os boêmios eram aqueles que, quer possuíssem uma mansão ou um sótão, opunham-se contra o sistema de status meritocrático e econômico que nasceu no início do século XX.

2

No cerne do conflito está uma análise contrastante do valor da realização terrena, por um lado, e a sensibilidade por outro. Enquanto a burguesia conferia status com base no sucesso financeiro e na reputação pública, para os boêmios o que importava acima de tudo, e sem dúvida acima da capacidade de pagar por uma casa ou por roupas elegantes, era ser receptivo ao mundo e se dedicar, como espectador ou criador, ao repositório fundamental dos sentimentos: a arte. Os mártires do sistema boêmio de valores eram aquelas pessoas que tinham sacrificado a segurança de um emprego regular e a estima da sociedade para escrever, pintar ou compor música ou se dedicar a viagens ou a seus amigos e familiares. Eles podiam, por causa de seus compromissos, carecer de sinais de decência externa e, ainda eram, asseveravam os boêmios, ser dignos da mais alta honra, por causa de seu bom senso ético e sua capacidade de receptividade e expressão.

Muitos boêmios estavam preparados para sofrer ou até morrer de fome por suas crenças irrealizáveis. Nas pinturas que os retratavam no século XIX, eles eram com frequência encontrados relaxados em uma cadeira em quartos poeirentos nos sótãos de prédios de apartamentos. Pareciam macilentos e cansados. Podiam ter uma expressão distante nos olhos e um crânio na estante. Essa expressão talvez fosse aterrorizadora para um encarregado de fábrica ou um gerente de escritório – sinais de que suas almas não estavam associadas às preocupações utilitárias banais que eles acusavam a burguesia de alimentar.

O que os levou a essa penúria foi o pavor de dedicar a vida a um trabalho que detestassem. Charles Baudelaire declarou que todos os empregos destruíam a alma, a não ser o de poeta e – menos plausivelmente – o de "guerreiro". Quando Marcel Duchamp visitou Nova York em 1915, descreveu o Greenwich Village como "uma verdadeira Boêmia" porque o lugar era, disse ele, "cheio de gente fazendo *nada*". Meio século depois, Jack Kerouac, dirigindo-se ao público em um piano-bar de West Coast, falou contra "os que vão e vêm do trabalho com seus colarinhos duros, obrigados a entrar às 5:48 da manhã num trem em Millbrae ou San Carlos para chegar ao trabalho em San Francisco", e elogiou os espíritos livres, vagabundos, poetas, beats e artistas que dormiam tarde e queimavam as roupas de trabalho, para se tornarem "filhos

Antes atribuído a Géricault, agora desconhecido, *Retrato de um artista em seu estúdio*, c. 1820

da estrada e observar os trens de passageiros passarem, absorver a imensidão do céu e sentir o peso da América ancestral”.

Embora os boêmios não afirmassem que havia uma incompatibilidade teórica entre ter uma vida intelectual intensa e possuir uma firma de advocacia ou uma fábrica de sucesso, a maioria insinuava que podia haver essa incompatibilidade na prática. No prefácio a *Do amor*

Gustave Courbet, *Retrato do artista (Homem com cachimbo)*, c. 1848-1849

(1822), Stendhal explicou que ele tentara escrever claramente e para um público amplo, mas que não podia dar "audição aos surdos nem visão aos cegos". "Sendo assim, as pessoas vulgares e com dinheiro, que ganharam mais de 100 mil francos antes de abrirem este livro, devem fechá-lo imediatamente, em particular se são banqueiros, fabricantes ou industriais respeitáveis. (...) A vida ativa, de trabalho árduo, eminentemente respeitável e positiva de um consultor privado, um fabricante têxtil ou um banqueiro inteligente e talentoso obtém suas recompensas em riqueza, mas não em sensações delicadas. Pouco a pouco o coração desses cavalheiros se calcifica. As pessoas que pagam a dois mil trabalhadores no fim da semana não perdem tempo com isso; sua mente sempre se curva a coisas úteis e positivas." Stendhal achava que o livro seria mais bem aproveitado por aqueles que apreciassem indolência, gostassem de devanear, sentissem as emoções inflamadas ao ouvir óperas de Mozart e pudessem se lançar em horas de pensamentos agridoces depois de um simples vislumbre de um belo rosto em uma rua movimentada.

A ideia de que o dinheiro e as ocupações práticas corrompem a alma ou, nas palavras de Stendhal, a capacidade de "sensações delicadas", reverberou pela história da boemia. Ela pôde, por exemplo, ser ouvida não menos claramente 140 anos depois do lamento de Stendhal no poema de Charles Bukowski "Algo para os aliciadores, as freiras, os caixas de armazém e você" (1965), que evocou a vida de homens de negócios ricos:

> com mau hálito e pés grandes, homens
> que parecem sapos, hienas, homens que andam
> como se a melodia nunca tivesse sido inventada, homens
> que pensam ser inteligente contratar e demitir e

lucrar, homens com mulheres caras que possuem
como sessenta acres de terra a ser semeada
exibidos ou emparedados
protegidos dos incompetentes...
...homens que ficam diante
de janelas de nove metros de largura e nada veem,
homens com iates de luxo que podem navegar
ao redor do mundo e nunca saem do bolso
do colete, homens como caracóis, homens como enguias,
homens
como lesmas, e não tão bons.

Assim como o dinheiro não pode conferir honra, no sistema de valores boêmio, tampouco podem as posses. Aos olhos boêmios, iates e mansões são símbolos de arrogância e frivolidade. O status boêmio é mais facilmente conquistado por um estilo de conversa inspirado ou a autoria de um volume de poesia inteligente e sincero.

Em julho de 1845, um dos mais renomados boêmios da América do século XIX, Henry Thoreau, mudou-se para uma cabana de madeira que ele havia construído com as próprias mãos na margem norte do lago Walden, perto da cidade de Concord, Massachusetts. Seu objetivo era ver se podia ter uma existência exteriormente simples mas interiormente rica e, com isso, demonstrar à burguesia que era possível combinar uma vida de escassez material com a satisfação psicológica. Provando como era barato subsistir depois de ter cessado a preocupação em impressionar os outros, Thoreau deu a seus leitores uma lista do custo mínimo em que tinha incorrido na construção de sua cabana:

Tábuas	$8,03	A maioria tábuas de choça
Sarrafos rejeitados para teto e laterais	$4,00	
Ripas	$1,25	
Janelas de segunda mão com vidros	$2,43	
Mil tijolos velhos	$4,00	
Dois barris de cal	$2,40	Isso foi caro
Fibras	$0,31	Mais que o necessário
Ferro para a cobertura	$0,15	
Pregos	$3,90	
Dobradiças e parafusos	$0,14	
Trincos	$0,10	
Giz	$0,01	
Transporte	$1,40	Eu carreguei boa parte nas minhas costas
Total	$28,12	

"A maior parte dos luxos e muitos dos chamados confortos da vida não só são dispensáveis, mas verdadeiros obstáculos à elevação da humanidade", escreveu Thoreau, acrescentando, numa tentativa de derrubar a ligação que sua sociedade fazia entre ter coisas e ser honrado: "O homem é rico em proporção ao número de coisas que pode dispensar".

Thoreau tentou reconfigurar a nossa concepção sobre o que a falta de dinheiro diz a respeito de uma pessoa. Nem sempre, como a perspectiva burguesa sutilmente a sugeria, ela era um sinal de fracasso no jogo da vida. Ter pouco dinheiro pode simplesmente significar que se optou por concentrar as energias em atividades que não são da área de negócios, enriquecendo em coisas diferentes. Em vez de usar a palavra "pobreza" para descrever sua

WALDEN;

OR,

LIFE IN THE WOODS.

BY HENRY D. THOREAU,

AUTHOR OF "A WEEK ON THE CONCORD AND MERRIMACK RIVERS."

I do not propose to write an ode to dejection, but to brag as lustily as chanticleer in the morning, standing on his roost, if only to wake my neighbors up. — Page 92.

BOSTON:

TICKNOR AND FIELDS.

M DCCC LIV.

Folha de rosto da primeira edição de *Walden*, de Henry Thoreau, 1854 situação, Thoreau preferia a palavra "simplicidade" – isso, achava ele, transmitia uma escolha consciente em vez de uma situação material imposta, uma simplicidade que, lembrou ele aos mercadores de Boston, as pessoas não menos nobres que "os filósofos chineses, os hindus, persas e gregos" tinham praticado voluntariamente no passado. Depois de sua estada às margens do lago Walden, o tom da mensagem que Thoreau transmitiu à sociedade industrializada burguesa dos Estados Unidos teria sido similar ao de quase todos os boêmios antes e depois dele. Como ele colocou: "Não é preciso dinheiro para comprar as necessidades da alma de uma pessoa".

3

Um insight dos boêmios foi que nossa capacidade de manter a confiança em um estilo de vida diferente da cultura dominante depende muito do sistema de valor que vigora em nosso ambiente imediato, do tipo de pessoas com quem nos misturamos socialmente e do que lemos e ouvimos.

Eles reconheceram que nossa paz de espírito pode se espatifar facilmente e nossos compromissos serem questionados por alguns minutos de conversa com um conhecido que sinta, mesmo que não o declare, que o dinheiro e a fama são definitivamente respeitáveis – ou pela leitura de uma revista que, ao relatar somente os feitos dos heróis burgueses, insidiosamente solape o valor de qualquer ambição alternativa.

Os boêmios, como consequência disso, tendiam a exibir todo um cuidado quando escolhiam com quem passar o tempo. Alguns, como Thoreau, fugiram completamente das influências corruptoras da sociedade. Outros se aplicaram em criar comunidades de espíritos afins, recusando-se a aceitar o tipo de vida social que tende naturalmente a nos ocorrer quando nos socializamos com muitos dos indivíduos com quem somos obrigados a conviver na escola, nas famílias e nos locais de trabalho.

Nas grandes cidades do mundo, os boêmios agrupavam-se em determinados bairros para garantir que seus

A fotógrafa Lee Miller e uma amiga, a modelo Tanja Ramm, no estúdio de Miller em Montparnasse, Paris, 1931

contatos diários fossem com amigos verdadeiros em vez de pessoas preocupadas com o status. A história da boemia é crivada de nomes de lugares que ficaram famosos pelas amizades que abrigavam: Montparnasse, Bloomsbury, Chelsea, Greenwich Village, Venice Beach.

4

Os boêmios também redefiniram cuidadosamente sua compreensão da palavra "fracasso". De acordo com a ideologia burguesa, um fracasso financeiro decisivo nos negócios deve funcionar como uma indicação significativa do caráter de uma pessoa, pois a ideologia pressupõe que a sociedade é essencialmente justa na distribuição de suas recompensas.

Mas os boêmios rejeitaram essa interpretação punitiva do fracasso exterior, mostrando a frequência com que o mundo é regido pela estupidez e pelo preconceito. Dada a natureza humana, eles raciocinaram que os bem-sucedidos na sociedade quase nunca são os mais sábios ou os melhores, mas sim aqueles que conseguem se aproveitar com mais eficácia dos valores equivocados do público. Na verdade – sugeriram os boêmios – não pode haver sinal mais condenatório da limitação ética e imaginativa de uma pessoa do que a capacidade para o sucesso comercial.

Tal perspectiva explica o interesse e o respeito dado por muitos boêmios do século XIX a figuras da política e das artes cuja vida só poderia ser descrita como um fracasso de acordo com a escala de valores burguesa. O mais celebrado desses personagens foi o poeta inglês Thomas Chatterton, que cometeu suicídio em 1770, aos dezoito anos, vencido pela pobreza e pela rejeição de sua obra por seus benfeitores. A peça *Chatterton*, de Alfred de Vigny, que estreou em Paris em 1835, transformou o jo-

Henry Wallis, *A morte de Chatterton*, 1855-1856

vem poeta em um porta-voz de todos os valores defendidos pela boemia. A peça proclamava a inspiração pessoal contra a tradição, a gentileza contra a vantagem financeira, a intensidade e a loucura contra a racionalidade e o utilitarismo. A mensagem de Vigny era a de que os poetas talentosos e sensíveis estavam praticamente destinados a chegar ao desespero e até ao suicídio por causa da estupidez de seu público burguês.

O mito do perdedor incompreendido que, apesar da rejeição, é superior ao bem-sucedido refletiu ou configurou a vida de muitas das grandes personalidades da boemia. Gérard de Nerval, um poeta mais talentoso que Chatterton mas não mais feliz, enforcou-se, na miséria e louco, aos 47 anos em 1855. Resumindo as experiências de sua geração, de irmãos sensíveis, cujos talentos e temperamentos os tornaram desajustados para o mundo burguês, Nerval escreveu: "A ambição não era de nossa época (...) e a corrida gananciosa por posição e honras nos afastou das esferas da atividade política. O que restou para nós foi somente a torre de marfim do poeta, onde subimos cada vez mais alto para nos isolar da multidão. Naquelas altitudes elevadas, respiramos pelo menos o ar puro da solidão; bebemos o esquecimento na taça dourada da lenda; nos inebriamos de poesia e amor".

Quando Edgar Allan Poe morreu, em 1849, aos 37 anos, também foi absorvido pela história boêmia do fracasso nobre. Em um ensaio sobre sua vida e sua obra, Charles Baudelaire escreveu que o destino de Poe foi típico dos homens talentosos obrigados a viver entre os brutos. Baudelaire amaldiçoou o teor da opinião pública nas sociedades democráticas como os Estados Unidos, alertando que delas não se podia esperar caridade nem indulgência. Na verdade, escreveu ele, os poetas "não podem esperar se ajustar a uma república nem a uma monarquia absoluta, seja numa sociedade democrática ou aristocrática (...) infelizes ilustres, [eles] nasceram para sofrer o duro aprendizado do gênio em meio à multidão de almas medíocres".

A moral que Baudelaire extraiu da vida de Poe era recorrente na obra do poeta francês, encontrando sua expressão mais cristalina no triste adejar de seu famoso pássaro marinho:

> O albatroz
>
> Às vezes, por prazer, os marinheiros
> Pegam um albatroz, essa imensa ave dos mares,
> Que acompanha, indolente parceiro de viagem,
> O navio a singrar pelos golfos.
> Tão logo o estendem sobre as tábuas do convés,
> O monarca do azul, canhestro e envergonhado,
> Deixa pender, como um par de remos junto aos pés,
> As asas de um branco imaculado.
>
> Antes tão belo, como é feio caído em desgraça
> Tão fraco e desajeitado, até mesmo cômico!
> Um, com o cachimbo, lhe enche o bico de fumaça,
> Outro, a coxear, imita o enfermo que outrora voava!
>
> O Poeta é como o príncipe da altura
> Que enfrenta os vendavais e ri da seta no ar;
> Exilado no chão, em meio à multidão obscura,
> As asas gigantes impedem-no de andar.

Ao enfatizar a dignidade e a superioridade dos rejeitados, a boemia oferecia um complemento laico ao relato cristão do sofrimento e da crucificação de Jesus. Como o peregrino cristão, o poeta boêmio seria torturado pelas massas que não o compreendiam, mas, como na história cristã, o desprezo era em si prova da superioridade de quem foi desprezado. Que alguém não seja compreendido é um sinal de que há muito a compreender. É por causa de suas grandes asas que o poeta não consegue andar.

5

Junto com a crença boêmia na inferioridade da massa e das suas tradições vem uma ênfase na superioridade do indivíduo e, assim, um entusiasmo por se livrar das convenções. "Basta de regras", gritou Victor Hugo no prefácio a *Hernani* (1830). "Para o talento renunciar à originalidade pessoal seria como Deus tornar-se um servo."

Um grito de guerra semelhante reverberou num ensaio de Ralph Waldo Emerson, intitulado *Self-Reliance* (1840): "Todo aquele que é um homem deve ser um não conformista". Ao se ajustar às ideias dos outros de como viver, se vestir, comer ou escrever, adquire-se lentamente, disse Emerson, uma "expressão asinina". Toda pessoa nobre devia ser norteada pela máxima: "Devo fazer apenas o que me interessa e não o que as pessoas acham." "Espero que tenhamos ouvido pela última vez a conformidade e a concordância", concluiu Emerson. "Que nunca mais nos curvemos nem nos desculpemos. (...) Vamos afrontar e repreender a mediocridade fácil e o contentamento esquálido de ocasião."

Os apelos de Hugo e Emerson para nos livrarmos da tradição caíram em ouvidos receptivos. Em 1850, Gérard de Nerval parou de se conformar às ideias existentes de animais de estimação adequados e adquiriu uma lagosta, que ele levava ao Jardin du Luxembourg amarrada a uma fita azul. "Por que uma lagosta devia ser mais ridícula que um cão", questionou ele, "ou qualquer outro animal que alguém escolha para levar para passear? Prefiro as lagostas. São criaturas sérias e pacíficas. Elas conhecem os segredos do mar, não latem e não perturbam a privacidade monadária, como fazem os cães. Goethe tinha aversão por cães, e ele não era louco."

Ser um artista grandioso e original tornou-se sinônimo de surpreender ou, melhor ainda, de ofender a burguesia. Ao concluir seu romance *Salambô* (1862), Flaubert declarou que tinha escrito seu livro para: "(1) ofender a burguesia, (2) enervar e chocar as pessoas sensíveis, (3) irritar os arqueólogos, (4) parecer ininteligível às senhoras e (5) ganhar a reputação de pederasta e canibal."

Na década de 1850, um grupo de estudantes boêmios de Paris fundou um clube que, eles esperavam, iria "ofender juízes e farmacêuticos". Tendo discutido a forma mais eficaz de realizar seus fins, eles se batizaram Clube dos Suicidas e lançaram um manifesto declarando que todos os membros morreriam pelas próprias mãos, antes de chegar aos trinta anos de idade – ou antes que ficassem carecas, o que viesse primeiro. Só se conhece um suicida entre os membros, mas o clube foi considerado um sucesso depois que um político ultrajado fez, na Câmara dos Deputados, um discurso declarando que era "uma monstruosidade imoral e ilegal".

A história da boemia é repleta de tentativas de irritar as classes respeitáveis. Em Nova York, em 1917, um grupo de artistas decidiu separar-se da vida burguesa e pediu a criação de "uma república independente e livre no Greenwich Village", que seria dedicada à arte, ao amor, à beleza e aos cigarros. Para marcar o nascimento de seu Estado independente, o grupo escalou o topo do arco da Washington Square, bebeu uísque, deu tiros de espoleta e leu uma declaração de independência, que consistia simplesmente na expressão "whereas" proferida em rápida sucessão. Relembrando o evento muitos anos depois, um membro da nova república (que durou até o amanhecer) assinalou: "Éramos radicais dedicados a qualquer coisa – desde que fosse um tabu no Meio-Oeste".

Infelizmente para os boêmios, quanto mais eles chocavam a burguesia, mais fracas ficavam a disposição e a capacidade da burguesia de se deixar chocar – o que os obrigou a ter comportamentos bizarros cada vez mais extremos, como testemunha a história dos movimentos boêmios do século XX.

KARAWANE

jolifanto bambla ô falli bambla
grossiga m'pfa habla horem
égiga goramen
higo bloiko russula huju
hollaka hollala
anlogo bung
blago bung
blago bung
bosso fataka
ü üü ü
schampa wulla wussa ólobo
hej tatta gôrem
eschige zunbada
wulubu ssubudu uluw ssubudu
tumba ba- umf
kusagauma
ba - umf

"O homem inteligente agora é um tipo padrão", declarou o fundador do Dada, Tristan Tzara, em Zurique, em 1915, "mas uma coisa que nos falta é a *idiotice*. O Dada está usando todas as suas forças para estabelecer a idiotice em toda parte." Para esse fim, os dadaístas gostavam de entrar em restaurantes finos de Zurique para gritar "Dada" aos comensais burgueses. O artista dadaísta Marcel Duchamp pintou um bigode em uma *Mona Lisa* e batizou sua obra de *L.H.O.O.Q.* (*Elle a chaud au cul* / Ela tem o rabo quente).

O poeta dadaísta Hugo Ball foi o pioneiro de um tipo de poesia sem sentido e poliglota e deu seu primeiro exemplo, "Karawane", em uma boate de Zurique, vestindo um terno feito de cartolina azul brilhante, com um chapéu de bruxa na cabeça.

Analisando as ambições do Dada no passado, o velho pintor dadaísta Hans Richter assinalou: "Queríamos criar um novo tipo de ser humano, livre da tirania da racionalidade, da banalidade, de generais, pátrias, nações, marchands, micróbios, vistos de residência e do passado. Ultrajar a opinião pública era nosso princípio básico."

Outros grupos seguiram os passos do Dada. Em 1924, os surrealistas abriram o Bureau de Pesquisa Surrealista na rua de Grenelle, em Paris. Um manequim de loja ficava pendurado do teto à janela e os membros do público eram convidados a trazer histórias de sonhos, coincidências e novas ideias que eles pudessem ter sobre política, arte e moda. Elas eram depois datilografadas e presas nas paredes. Antonin Artaud, o diretor do Bureau, proclamou: "Precisamos de seguidores *perturbados* muito mais do que precisamos de seguidores ativos".

Em 1932, o futurista italiano Filippo Marinetti, não menos propenso a ofender a burguesia, publicou *O livro de receitas futurista*, planejado, escreveu ele, para revolucionar a forma como os italianos comiam e distanciá-los das preferências culinárias do século XIX, em particular da massa (ele citou *maccheroni al ragù* e *tagliatelle alla bolognese* como exemplos do anacronismo burguês). Mas para qualquer um que comprasse o livro esperando por inspiração, ficava evidente que Marinetti – não menos que Gérard de Nerval ou Antonin Artaud – contrariava as expectativas. As receitas incluíam:

Peitos de morango: "Um prato rosa com dois seios femininos eretos feitos de ricota tingida de rosa com Campari e mamilos de confeito de morango. Morangos frescos sob a camada de ricota possibilitam morder uma multiplicação ideal de seios imaginários."

Aerocomida: "Composta de uma porção de erva-doce, uma azeitona e um *kumquat*, unidos com uma tira de cartolina, onde devem ser colados, um ao lado do outro, um pedaço de veludo, um pedaço de seda e um pedaço de lixa. A lixa não deve ser comida. Está ali para ser manuseada com os dedos da mão direita enquanto se chupa o *kumquat*."

Retalho vegetal cubista: "1. Cubinhos de aipo de Verona fritos e salpicados com páprica. 2. Cubinhos de cenoura frita salpicados com raiz-forte em lascas. 3. Ervilha cozida. 4. Picles de cebola de Ivrea salpicados com salsa picada. 5. Barrinhas de queijo Fontina. Nota: Os cubos não devem ter mais de um centímetro."

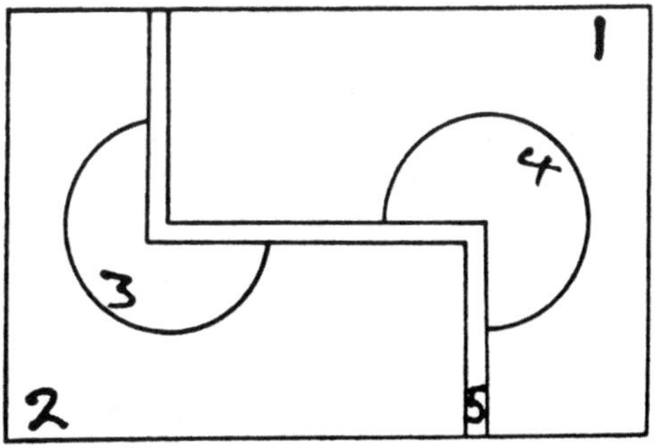

6

Não é difícil entender os excessos da boemia. Basta dar um pequeno passo, valorizar a originalidade e enfatizar os aspectos não materiais da vida para achar que quase tudo o que pode surpreender um juiz ou um farmacêutico – de passear com um crustáceo a comer seios de morangos – deve ser importante.

Muitos boêmios colocaram as preocupações espirituais com tanto entusiasmo na dianteira de sua vida que seu desprezo pelas questões práticas levou-os a uma luta exaustiva para conseguir sobreviver, com menos tempo para pensar no espírito e mais necessidade de pensar no corpo do que um juiz ou um farmacêutico muito materialista e ocupado.

Em Massachusetts, 1844, um grupo de artistas boêmios utópicos criou uma fazenda comunitária chamada Fruitlands, declarando não ter interesse no dinheiro nem no trabalho como fins em si mesmos. Só queriam cultivar o bastante para alimentar o corpo e depois voltar suas energias para a poesia, a pintura, a natureza e o amor romântico. O fundador da comunidade, Bronson Alcott, anunciou que a missão dos novos agricultores era "ser e não fazer". Ele e seus companheiros defendiam um leque de ideias ambiciosas, típicas das comunidades boêmias que vieram antes e depois dessa: não usavam roupas de algodão (escravos colhiam algodão), não comiam animais nem laticínios e adotavam principalmente uma dieta vegana – só comendo coisas que cresciam para o ar, evitando cenoura e batata porque elas apontavam para a terra, em vez de aspirar ao céu como maçãs e peras.

Como era de se prever, a comunidade não durou muito. Terminado o primeiro verão, a relutância dos agricultores em se envolverem com aspectos práticos levou-os a uma batalha urgente para manter unidos o corpo e a alma, em vez de ler Homero e Petrarca, como haviam planejado. Emerson, que tinha conhecido Alcott em Boston alguns anos antes da fundação da fazenda, comentou sobre os membros da Fruitlands: "Toda sua doutrina era espiritual, mas eles sempre terminavam dizendo: 'Pode nos mandar algum dinheiro, por favor?'" Seis meses depois da criação da Fruitlands, a comunidade se dispersou em consternação e desespero – uma história comum de idealismo do boêmio azedado pela recusa em adotar sequer a menor das disciplinas burguesas.

Não teria sentido e seria muito raro sentir angústia em relação à concepção burguesa de status se essa classe fosse tão desorientada e tão pouco impressionante como os boêmios de vez em quando dão a entender. Embora muitas ideias boas tenham chocado os habitantes do Meio-Oeste, dificilmente tudo o que os choca será maravilhoso. É só porque juízes e farmacêuticos fazem algumas coisas extremamente bem que eles podem ser tão perturbadores a ponto de alguém pensar que deve questionar ou discordar de alguns aspectos de seu comportamento e mentalidade.

7

Não estou dizendo com isso que devemos nos conter. Sejam quais forem os excessos da ala mais externa da boemia, uma contribuição duradoura do movimento foi proporcionar vários desafios sugestivos aos ideais burgueses. Eles os acusavam de não conseguir compreender o papel que a riqueza deve ter em uma vida boa; de serem precipitados em condenar o fracasso terreno e submissos demais na veneração do sucesso exterior; de terem uma fé excessiva em falsas concepções de propriedade; de identificarem dogmaticamente as qualificações profissionais com o talento; de desprezarem o valor da arte, da sensibilidade, da brincadeira e da criatividade e de serem demasiado preocupados com a ordem, os regulamentos, a burocracia e os horários.

Para resumir sua contribuição em termos mais amplos e mais abrangentes, pode-se simplesmente sugerir que a boemia deu legitimidade à busca de um meio alternativo de vida; ela delimitou e definiu uma subcultura na qual se assegurou que os valores subestimados ou esquecidos pela burguesia dominante tivessem a autoridade e o prestígio devidos.

Como o cristianismo, para o qual ela tem de muitas formas funcionado como um substituto emocional, a boemia – surgindo no século XIX, mais ou menos na época em que o cristianismo começou a perder seu apelo –, sistematizou um método espiritual, e não material, para que cada um avalie a si mesmo e aos outros. Como os mosteiros e conventos do cristianismo, os sótãos e cafés, os bairros de aluguéis baratos e as empresas cooperativas da boemia forneceram um refúgio no qual a parte da população que não tinha interesse em buscar as recompensas da burguesia encontrou apoio e companheirismo.

Além disso, a atitude de algumas figuras boêmias ajudou a tranquilizar os que se tornaram angustiados demais com o sistema de status dominante, lembrando-lhes que havia uma história longa e ocasionalmente notável de enfrentamento ao sistema, remontando aos poetas da Paris do século XIX, à subversão brincalhona do movimento Dada e aos piqueniques provençais dos surrealistas.

Graças aos boêmios mais talentosos, um meio de vida que podia ter parecido caprichoso e absurdo passou a parecer sério e louvável. Ao modelo do advogado, do empresário e do cientista, a boemia acrescentou o poeta, o viajante e o ensaísta. Ela propôs que também esses personagens, quaisquer que fossem suas excentricidades e problemas materiais, podiam ser dignos de um status elevado por mérito próprio.

8

Pode-se dizer que o começo de uma solução madura para o desejo de status reside em um reconhecimento de que o status está disponível para uma variedade de públicos diferentes: industriais, boêmios, famílias e filósofos – e que nossa opção de público pode ser livre e voluntária.

Embora os desejos de status possam ser desagradáveis, é difícil imaginar uma vida boa inteiramente livre deles, porque um medo de fracassar e cair em desgraça aos olhos dos outros é somente uma consequência natural de ter ambições, uma preferência por superar o outro e um respeito por outros indivíduos. O desejo de status é o preço que pagamos por reconhecer uma diferença pública entre uma vida bem-sucedida e uma malsucedida.

Todavia, embora nossa necessidade de status possa ser fixa, podemos escolher como satisfazer essa necessidade, somos livres para garantir que nossas preocupações com cair em desgraça surgirão principalmente em relação a um público cujos métodos de avaliação compreendemos e respeitamos. O desejo de status pode ser definido como problemático somente quando é inspirado por valores que seguimos por temor e por sermos obedientes, porque fomos anestesiados para acreditar que eles são naturais, talvez dados por Deus, porque os que nos cercam são escravizados por esses valores ou porque nossa imaginação ficou tímida demais para conceber alternativas.

A filosofia, a arte, a política, o cristianismo e a boemia não buscaram nos livrar da hierarquia de status; tentaram instituir novos tipos de hierarquia baseados em conjuntos de valores que a maioria não reconhece e critica.

Embora mantenham uma firme distinção entre sucesso e fracasso, bem e mal, vergonha e honra, esses cinco grupos empenharam-se em refazer nossa concepção do que realmente pertence a esses conceitos opressivos.

Fazendo isso, ajudaram a dar legitimidade àqueles que, em todas as gerações, não conseguem ou não estão dispostos a seguir obedientemente as ideias dominantes de status elevado, mas que ainda assim não merecem ser classificados como fracassados e perdedores. Eles nos proporcionaram um conjunto de lembretes convincentes e consoladores de que há outras formas – além de ser juiz ou farmacêutico – de se ter sucesso na vida.

Agradecimentos

Agradecimentos especiais a Simon Prosser, Caroline Dawnay, Nicole Aragi, Dan Frank, Michael Ledger Lomas, Michael Port, Dominic Houlder, Tom Graves, Felicity Harvey e Austin Taylor.

Agradecimentos pelas ilustrações

p. 26 Punch Ltd,; p. 30 AP Photo; p. 33 Mary Evans Picture Library; p. 35 Stapleton Collection, RU/Bridgeman Art Library; p. 36 The Hoover Company; p. 38-39 GURSKY© Andreas Gursky/DACS Londres 2003, Courky Gallery, Monika Sprueth, Colônia; p. 40 Reimpresso por acordo com a Sears, Roebuck and Co. Protegido por copyright. Não é permitida a reprodução; p. 46 Galeria Dell'Accademia, Veneza/Bridgeman Art Library; p. 63 The British Library, Londres; p. 65 Corpus Christi College, Oxford/Bridgeman Art Gallery; p. 65 Musée Condé, Chantilly/Bridgeman Art Library; p. 87 Bettmann/Corbis; p. 137 Jean Siméon Chardin, *The Attentive Muse*, Samuel H. Kress Collection, Image© 2003 Conselho de Curadores, National Gallery of Art, Washington, D.C.; p. 138-139 Ashmolean Museum, Oxford/Bridgeman Art Library; p. 140 National Museum and Gallery of Wales, Cardiff/ Bridgeman Art Library; p. 141 Museum Oskar Reinhart am Stadtgarten, Winterthur; p. 142 Kuntindustrimuseet, Copenhague/foto: Pernille Klemp; p. 144-145 Nivaagaards Malerisamling, Dinamarca; p. 156 Musée Condé, Chantilly/Bridgeman Art Library; p. 157 Musée de la Ville de Paris, Musée Carnavalet, Paris/Bridgeman Art Library; p. 159 Louvre, Paris/Bridgeman Art Library; p. 160-161 Cortesia do Warden and Scholars of New College, Oxford/Bridgeman Art Library; p. 165 Cortesia do Warden and Scholars of New College, Oxford/Bridgeman Art Library; p. 166 Punch Ltd.; p. 167 The New Yorker Collection 1995, Peter Steiner de cartoonbank.com. Todos os direitos reservados; p. 167 The New Yorker Collection 1987. J. B. Handelsman de cartoonbank. com. Todos os direitos reservados; p. 168 The New Yorker Collection 1980, Charles Barsotti de cartoonbank.com. Todos os direitos reservados; p. 168 The New Yorker Collection 1988, Bernard Schoenbaum de cartoonbank.com. Todos os direitos reservados; p. 168 The New Yorker Collection 1988, Mike Twohy de cartoonbank.com. Todos os direitos reservados; p. 169 The New Yorker Collection 1998, Michael Crawford de cartoonbank.com. Todos os direitos reservados; p. 170 The New Yorker Collection 1997, Frank Cotham de cartoonbank.com. Todos os direitos reservados; p. 171 The New Yorker collection 1988, William Hamilton de cartoonbank.com. Todos os direitos reservados; p. 192 Mercedes-Benz/Campbell Dyle Dye; p. 206 Intercontinental Hotels Corporation; p. 207 Agency Merkley/Newman Harty; p. 208 foto: Alan Mahon/agentes fotográficos Horton Stephens; p. 219 Musée de Tesse, Le Mans/Bridgeman Art Library; p. 220 Coleção particular: Lauros/Giraudon/Bridgeman Art Library; p. 224 Louvre, Paris/Bridgeman Art Library; p. 226-227 Cortesia dos curadores do Sir John Soane's Museum, Londres/ Bridgeman Art Library; p. 230 Stapleton Collection, RU/ Bridgeman Art Library; p. 231 Stapleton Collection, RU/ Bridgeman Art Library; 234-235 Corcoran Gallery of Art, Washington D.C.; p. 236-237 Bolton Museum & Art Gallery; p. 238-239 Coleção do Newark Museum, Newark NJ. Compra 1961, The Members' Fund, 61.516; p. 250 Lauros/Giraudon/Bridgeman Art Library; p. 251 London Aerial Photo Library/Corbis; pp. 252-253 Architectural Association Photo Library Mary Parsons; p. 254 Lee Miller Archives, Chiddingly, Inglaterra; p. 259 Louvre, Paris/ Bridgeman Art Library; p. 260 Musée Fabre,Montpellier/ Bridgeman Art Library; p. 266 Lee Miller Archives, Chiddingly, Inglaterra; p. 268-269 Yale Center for British Art, Paul Mellon Collection, EUA/Bridgeman Art Library; p. 274 Galeria Pictogramma, Roma/Bridgeman Art Library/Alinari.

ÍNDICE REMISSIVO

E

F

G

H

I

J

K

L

M

N

S

T

V

W

X

Y

Z

Coleção L&PM POCKET (Lançamentos mais recentes)

348.**Radicci 3** – Iotti
349.**Nada de novo no front** – E. M. Remarque
350.**A hora dos assassinos** – Henry Miller
351.**Flush – Memórias de um cão** – Virginia Woolf
352.**A guerra no Bom Fim** – M. Scliar
357.**As uvas e o vento** – Pablo Neruda
358.**On the road** – Jack Kerouac
359.**O coração amarelo** – Pablo Neruda
360.**Livro das perguntas** – Pablo Neruda
361.**Noite de Reis** – William Shakespeare
362.**Manual de Ecologia (vol.1)** – J. Lutzenberger
363.**O mais longo dos dias** – Cornelius Ryan
364.**Foi bom prá você?** – Nani
365.**Crepusculário** – Pablo Neruda
366.**A comédia dos erros** – Shakespeare
369.**Mate-me por favor (vol.1)** – L. McNeil
370.**Mate-me por favor (vol.2)** – L. McNeil
371.**Carta ao pai** – Kafka
372.**Os vagabundos iluminados** – J. Kerouac
375.**Vargas, uma biografia política** – H. Silva
376.**Poesia reunida (vol.1)** – A. R. de Sant'Anna
377.**Poesia reunida (vol.2)** – A. R. de Sant'Anna
378.**Alice no país do espelho** – Lewis Carroll
379.**Residência na Terra 1** – Pablo Neruda
380.**Residência na Terra 2** – Pablo Neruda
381.**Terceira Residência** – Pablo Neruda
382.**O delírio amoroso** – Bocage
383.**Futebol ao sol e à sombra** – E. Galeano
386.**Radicci 4** – Iotti
387.**Boas maneiras & sucesso nos negócios** – Celia Ribeiro
388.**Uma história Farroupilha** – M. Scliar
389.**Na mesa ninguém envelhece** – J. A. Pinheiro Machado
390.**200 receitas inéditas do Anonymus Gourmet** – J. A. Pinheiro Machado
391.**Guia prático do Português correto – vol.2** – Cláudio Moreno
392.**Breviário das terras do Brasil** – Assis Brasil
393.**Cantos Cerimoniais** – Pablo Neruda
394.**Jardim de Inverno** – Pablo Neruda
395.**Antonio e Cleópatra** – William Shakespeare
396.**Troia** – Cláudio Moreno
397.**Meu tio matou um cara** – Jorge Furtado
399.**As viagens de Gulliver** – Jonathan Swift
400.**Dom Quixote** – (v. 1) – Miguel de Cervantes
401.**Dom Quixote** – (v. 2) – Miguel de Cervantes
402.**Sozinho no Pólo Norte** – Thomaz Brandolin
404.**Delta de Vênus** – Anaïs Nin
405.**O melhor de Hagar 2** – Dik Browne
406.**É grave Doutor?** – Nani
407.**Orai pornô** – Nani
412.**Três contos** – Gustave Flaubert
413.**De ratos e homens** – John Steinbeck
414.**Lazarilho de Tormes** – Anônimo do séc. XVI
415.**Triângulo das águas** – Caio Fernando Abreu
416.**100 receitas de carnes** – Sílvio Lancellotti
417.**Histórias de robôs:** vol. 1 – org. Isaac Asimov
418.**Histórias de robôs:** vol. 2 – org. Isaac Asimov
419.**Histórias de robôs:** vol. 3 – org. Isaac Asimov
423.**Um amigo de Kafka** – Isaac Singer
424.**As alegres matronas de Windsor** – Shakespeare
425.**Amor e exílio** – Isaac Bashevis Singer
426.**Use & abuse do seu signo** – Marília Fiorillo e Marylou Simonsen
427.**Pigmaleão** – Bernard Shaw
428.**As fenícias** – Eurípides
429.**Everest** – Thomaz Brandolin
430.**A arte de furtar** – Anônimo do séc. XVI
431.**Billy Bud** – Herman Melville
432.**A rosa separada** – Pablo Neruda
433.**Elegia** – Pablo Neruda
434.**A garota de Cassidy** – David Goodis
435.**Como fazer a guerra: máximas de Napoleão** – Balzac
436.**Poemas escolhidos** – Emily Dickinson
437.**Gracias por el fuego** – Mario Benedetti
438.**O sofá** – Crébillon Fils
439.**O "Martín Fierro"** – Jorge Luis Borges
440.**Trabalhos de amor perdidos** – W. Shakespeare
441.**O melhor de Hagar 3** – Dik Browne
442.**Os Maias (volume1)** – Eça de Queiroz
443.**Os Maias (volume2)** – Eça de Queiroz
444.**Anti-Justine** – Restif de La Bretonne
445.**Juventude** – Joseph Conrad
446.**Contos** – Eça de Queiroz
448.**Um amor de Swann** – Proust
449.**À paz perpétua** – Immanuel Kant
450.**A conquista do México** – Hernan Cortez
451.**Defeitos escolhidos e 2000** – Pablo Neruda
452.**O casamento do céu e do inferno** – William Blake
453.**A primeira viagem ao redor do mundo** – Antonio Pigafetta
457.**Sartre** – Annie Cohen-Solal
458.**Discurso do método** – René Descartes
459.**Garfield em grande forma (1)** – Jim Davis
460.**Garfield está de dieta** (2) – Jim Davis
461.**O livro das feras** – Patricia Highsmith
462.**Viajante solitário** – Jack Kerouac
463.**Auto da barca do inferno** – Gil Vicente
464.**O livro vermelho dos pensamentos de Millôr** – Millôr Fernandes
465.**O livro dos abraços** – Eduardo Galeano
466.**Voltaremos!** – José Antonio Pinheiro Machado
467.**Rango** – Edgar Vasques
468(8).**Dieta mediterrânea** – Dr. Fernando Lucchese e José Antonio Pinheiro Machado
469.**Radicci 5** – Iotti
470.**Pequenos pássaros** – Anaïs Nin
471.**Guia prático do Português correto – vol.3** – Cláudio Moreno

472.**Atire no pianista** – David Goodis
473.**Antologia Poética** – García Lorca
474.**Alexandre e César** – Plutarco
475.**Uma espiã na casa do amor** – Anaïs Nin
476.**A gorda do Tiki Bar** – Dalton Trevisan
477.**Garfield um gato de peso (3)** – Jim Davis
478.**Canibais** – David Coimbra
479.**A arte de escrever** – Arthur Schopenhauer
480.**Pinóquio** – Carlo Collodi
481.**Misto-quente** – Bukowski
482.**A lua na sarjeta** – David Goodis
483.**O melhor do Recruta Zero (1)** – Mort Walker
484.**Aline: TPM – tensão pré-monstrual (2)** – Adão Iturrusgarai
485.**Sermões do Padre Antonio Vieira**
486.**Garfield numa boa (4)** – Jim Davis
487.**Mensagem** – Fernando Pessoa
488.**Vendeta** *seguido de* **A paz conjugal** – Balzac
489.**Poemas de Alberto Caeiro** – Fernando Pessoa
490.**Ferragus** – Honoré de Balzac
491.**A duquesa de Langeais** – Honoré de Balzac
492.**A menina dos olhos de ouro** – Honoré de Balzac
493.**O lírio do vale** – Honoré de Balzac
497.**A noite das bruxas** – Agatha Christie
498.**Um passe de mágica** – Agatha Christie
499.**Nêmesis** – Agatha Christie
500.**Esboço para uma teoria das emoções** – Sartre
501.**Renda básica de cidadania** – Eduardo Suplicy
502(1).**Pílulas para viver melhor** – Dr. Lucchese
503(2).**Pílulas para prolongar a juventude** – Dr. Lucchese
504(3).**Desembarcando o diabetes** – Dr. Lucchese
505(4).**Desembarcando o sedentarismo** – Dr. Fernando Lucchese e Cláudio Castro
506(5).**Desembarcando a hipertensão** – Dr. Lucchese
507(6).**Desembarcando o colesterol** – Dr. Fernando Lucchese e Fernanda Lucchese
508.**Estudos de mulher** – Balzac
509.**O terceiro tira** – Flann O'Brien
510.**100 receitas de aves e ovos** – J. A. P. Machado
511.**Garfield em toneladas de diversão** (5) – Jim Davis
512.**Trem-bala** – Martha Medeiros
513.**Os cães ladram** – Truman Capote
514.**O Kama Sutra de Vatsyayana**
515.**O crime do Padre Amaro** – Eça de Queiroz
516.**Odes de Ricardo Reis** – Fernando Pessoa
517.**O inverno da nossa desesperança** – Steinbeck
518.**Piratas do Tietê (1)** – Laerte
519.**Rê Bordosa: do começo ao fim** – Angeli
520.**O Harlem é escuro** – Chester Himes
522.**Eugénie Grandet** – Balzac
523.**O último magnata** – F. Scott Fitzgerald
524.**Carol** – Patricia Highsmith
525.**100 receitas de patisseria** – Sílvio Lancellotti
527.**Tristessa** – Jack Kerouac
528.**O diamante do tamanho do Ritz** – F. Scott Fitzgerald
529.**As melhores histórias de Sherlock Holmes** – Arthur Conan Doyle
530.**Cartas a um jovem poeta** – Rilke
532.**O misterioso sr. Quin** – Agatha Christie
533.**Os analectos** – Confúcio
536.**Ascensão e queda de César Birotteau** – Balzac
537.**Sexta-feira negra** – David Goodis
538.**Ora bolas – O humor de Mario Quintana** – Juarez Fonseca
539.**Longe daqui aqui mesmo** – Antonio Bivar
540.**É fácil matar** – Agatha Christie
541.**O pai Goriot** – Balzac
542.**Brasil, um país do futuro** – Stefan Zweig
543.**O processo** – Kafka
544.**O melhor de Hagar 4** – Dik Browne
545.**Por que não pediram a Evans?** – Agatha Christie
546.**Fanny Hill** – John Cleland
547.**O gato por dentro** – William S. Burroughs
548.**Sobre a brevidade da vida** – Sêneca
549.**Geraldão (1)** – Glauco
550.**Piratas do Tietê (2)** – Laerte
551.**Pagando o pato** – Ciça
552.**Garfield de bom humor (6)** – Jim Davis
553.**Conhece o Mário?** vol.1 – Santiago
554.**Radicci 6** – Iotti
555.**Os subterrâneos** – Jack Kerouac
556(1).**Balzac** – François Taillandier
557(2).**Modigliani** – Christian Parisot
558(3).**Kafka** – Gérard-Georges Lemaire
559(4).**Júlio César** – Joël Schmidt
560.**Receitas da família** – J. A. Pinheiro Machado
561.**Boas maneiras à mesa** – Celia Ribeiro
562(9).**Filhos sadios, pais felizes** – R. Pagnoncelli
563(10).**Fatos & mitos** – Dr. Fernando Lucchese
564.**Ménage à trois** – Paula Taitelbaum
565.**Mulheres!** – David Coimbra
566.**Poemas de Álvaro de Campos** – Fernando Pessoa
567.**Medo e outras histórias** – Stefan Zweig
568.**Snoopy e sua turma (1)** – Schulz
569.**Piadas para sempre (1)** – Visconde da Casa Verde
570.**O alvo móvel** – Ross Macdonald
571.**O melhor do Recruta Zero (2)** – Mort Walker
572.**Um sonho americano** – Norman Mailer
573.**Os broncos também amam** – Angeli
574.**Crônica de um amor louco** – Bukowski
575(5).**Freud** – René Major e Chantal Talagrand
576(6).**Picasso** – Gilles Plazy
577(7).**Gandhi** – Christine Jordis
578.**A tumba** – H. P. Lovecraft
579.**O príncipe e o mendigo** – Mark Twain
580.**Garfield, um charme de gato (7)** – Jim Davis
581.**Ilusões perdidas** – Balzac
582.**Esplendores e misérias das cortesãs** – Balzac
583.**Walter Ego** – Angeli
584.**Striptiras (1)** – Laerte
585.**Fagundes: um puxa-saco de mão cheia** – Laerte

586.**Depois do último trem** – Josué Guimarães
587.**Ricardo III** – Shakespeare
588.**Dona Anja** – Josué Guimarães
589.**24 horas na vida de uma mulher** – Stefan Zweig
591.**Mulher no escuro** – Dashiell Hammett
592.**No que acredito** – Bertrand Russell
593.**Odisseia (1): Telemaquia** – Homero
594.**O cavalo cego** – Josué Guimarães
595.**Henrique V** – Shakespeare
596.**Fabulário geral do delírio cotidiano** – Bukowski
597.**Tiros na noite 1: A mulher do bandido** – Dashiell Hammett
598.**Snoopy em Feliz Dia dos Namorados! (2)** – Schulz
600.**Crime e castigo** – Dostoiévski
601.**Mistério no Caribe** – Agatha Christie
602.**Odisseia (2): Regresso** – Homero
603.**Piadas para sempre (2)** – Visconde da Casa Verde
604.**À sombra do vulcão** – Malcolm Lowry
605(8).**Kerouac** – Yves Buin
606.**E agora são cinzas** – Angeli
607.**As mil e uma noites** – Paulo Caruso
608.**Um assassino entre nós** – Ruth Rendell
609.**Crack-up** – F. Scott Fitzgerald
610.**Do amor** – Stendhal
611.**Cartas do Yage** – William Burroughs e Allen Ginsberg
612.**Striptiras (2)** – Laerte
613.**Henry & June** – Anaïs Nin
614.**A piscina mortal** – Ross Macdonald
615.**Geraldão (2)** – Glauco
616.**Tempo de delicadeza** – A. R. de Sant'Anna
617.**Tiros na noite 2: Medo de tiro** – Dashiell Hammett
618.**Snoopy em Assim é a vida, Charlie Brown! (3)** – Schulz
619.**1954 – Um tiro no coração** – Hélio Silva
620.**Sobre a inspiração poética (Íon)** e ... – Platão
621.**Garfield e seus amigos (8)** – Jim Davis
622.**Odisseia (3): Ítaca** – Homero
623.**A louca matança** – Chester Himes
624.**Factótum** – Bukowski
625.**Guerra e Paz: volume 1** – Tolstói
626.**Guerra e Paz: volume 2** – Tolstói
627.**Guerra e Paz: volume 3** – Tolstói
628.**Guerra e Paz: volume 4** – Tolstói
629(9).**Shakespeare** – Claude Mourthé
630.**Bem está o que bem acaba** – Shakespeare
631.**O contrato social** – Rousseau
632.**Geração Beat** – Jack Kerouac
633.**Snoopy: É Natal! (4)** – Charles Schulz
634.**Testemunha da acusação** – Agatha Christie
635.**Um elefante no caos** – Millôr Fernandes
636.**Guia de leitura (100 autores que você precisa ler)** – Organização de Léa Masina
637.**Pistoleiros também mandam flores** – David Coimbra
638.**O prazer das palavras** – vol. 1 – Cláudio Moreno
639.**O prazer das palavras** – vol. 2 – Cláudio Moreno
640.**Novíssimo testamento: com Deus e o diabo, a dupla da criação** – Iotti
641.**Literatura Brasileira: modos de usar** – Luís Augusto Fischer
642.**Dicionário de Porto-Alegrês** – Luís A. Fischer
643.**Clô Dias & Noites** – Sérgio Jockymann
644.**Memorial de Isla Negra** – Pablo Neruda
645.**Um homem extraordinário e outras histórias** – Tchékhov
646.**Ana sem terra** – Alcy Cheuiche
647.**Adultérios** – Woody Allen
651.**Snoopy: Posso fazer uma pergunta, professora? (5)** – Charles Schulz
652(10).**Luís XVI** – Bernard Vincent
653.**O mercador de Veneza** – Shakespeare
654.**Cancioneiro** – Fernando Pessoa
655.**Non-Stop** – Martha Medeiros
656.**Carpinteiros, levantem bem alto a cumeeira & Seymour, uma apresentação** – J.D.Salinger
657.**Ensaios céticos** – Bertrand Russell
658.**O melhor de Hagar 5** – Dik e Chris Browne
659.**Primeiro amor** – Ivan Turguêniev
660.**A trégua** – Mario Benedetti
661.**Um parque de diversões da cabeça** – Lawrence Ferlinghetti
662.**Aprendendo a viver** – Sêneca
663.**Garfield, um gato em apuros (9)** – Jim Davis
664.**Dilbert (1)** – Scott Adams
666.**A imaginação** – Jean-Paul Sartre
667.**O ladrão e os cães** – Naguib Mahfuz
669.**A volta do parafuso** *seguido de* **Daisy Miller** – Henry James
670.**Notas do subsolo** – Dostoiévski
671.**Abobrinhas da Brasilônia** – Glauco
672.**Geraldão (3)** – Glauco
673.**Piadas para sempre (3)** – Visconde da Casa Verde
674.**Duas viagens ao Brasil** – Hans Staden
676.**A arte da guerra** – Maquiavel
677.**Além do bem e do mal** – Nietzsche
678.**O coronel Chabert** *seguido de* **A mulher abandonada** – Balzac
679.**O sorriso de marfim** – Ross Macdonald
680.**100 receitas de pescados** – Sílvio Lancellotti
681.**O juiz e seu carrasco** – Friedrich Dürrenmatt
682.**Noites brancas** – Dostoiévski
683.**Quadras ao gosto popular** – Fernando Pessoa
685.**Kaos** – Millôr Fernandes
686.**A pele de onagro** – Balzac
687.**As ligações perigosas** – Choderlos de Laclos
689.**Os Lusíadas** – Luís Vaz de Camões
690(11).**Átila** – Éric Deschodt
691.**Um jeito tranquilo de matar** – Chester Himes
692.**A felicidade conjugal** *seguido de* **O diabo** – Tolstói
693.**Viagem de um naturalista ao redor do mundo** – vol. 1 – Charles Darwin

694.**Viagem de um naturalista ao redor do mundo** – vol. 2 – Charles Darwin
695.**Memórias da casa dos mortos** – Dostoiévski
696.**A Celestina** – Fernando de Rojas
697.**Snoopy: Como você é azarado, Charlie Brown! (6)** – Charles Schulz
698.**Dez (quase) amores** – Claudia Tajes
699.**Poirot sempre espera** – Agatha Christie
701.**Apologia de Sócrates** *precedido de* **Êutifron** e *seguido de* **Críton** – Platão
702.**Wood & Stock** – Angeli
703.**Striptiras (3)** – Laerte
704.**Discurso sobre a origem e os fundamentos da desigualdade entre os homens** – Rousseau
705.**Os duelistas** – Joseph Conrad
706.**Dilbert (2)** – Scott Adams
707.**Viver e escrever** (vol. 1) – Edla van Steen
708.**Viver e escrever** (vol. 2) – Edla van Steen
709.**Viver e escrever** (vol. 3) – Edla van Steen
710.**A teia da aranha** – Agatha Christie
711.**O banquete** – Platão
712.**Os belos e malditos** – F. Scott Fitzgerald
713.**Libelo contra a arte moderna** – Salvador Dalí
714.**Akropolis** – Valerio Massimo Manfredi
715.**Devoradores de mortos** – Michael Crichton
716.**Sob o sol da Toscana** – Frances Mayes
717.**Batom na cueca** – Nani
718.**Vida dura** – Claudia Tajes
719.**Carne trêmula** – Ruth Rendell
720.**Cris, a fera** – David Coimbra
721.**O anticristo** – Nietzsche
722.**Como um romance** – Daniel Pennac
723.**Emboscada no Forte Bragg** – Tom Wolfe
724.**Assédio sexual** – Michael Crichton
725.**O espírito do Zen** – Alan W.Watts
726.**Um bonde chamado desejo** – Tennessee Williams
727.**Como gostais** *seguido de* **Conto de inverno** – Shakespeare
728.**Tratado sobre a tolerância** – Voltaire
729.**Snoopy: Doces ou travessuras? (7)** – Charles Schulz
730.**Cardápios do Anonymus Gourmet** – J.A. Pinheiro Machado
731.**100 receitas com lata** – J.A. Pinheiro Machado
732.**Conhece o Mário?** vol.2 – Santiago
733.**Dilbert (3)** – Scott Adams
734.**História de um louco amor** *seguido de* **Passado amor** – Horacio Quiroga
735(11).**Sexo: muito prazer** – Laura Meyer da Silva
736(12).**Para entender o adolescente** – Dr. Ronald Pagnoncelli
737(13).**Desembarcando a tristeza** – Dr. Fernando Lucchese
738.**Poirot e o mistério da arca espanhola & outras histórias** – Agatha Christie
739.**A última legião** – Valerio Massimo Manfredi
741.**Sol nascente** – Michael Crichton
742.**Duzentos ladrões** – Dalton Trevisan
743.**Os devaneios do caminhante solitário** – Rousseau
744.**Garfield, o rei da preguiça (10)** – Jim Davis
745.**Os magnatas** – Charles R. Morris
746.**Pulp** – Charles Bukowski
747.**Enquanto agonizo** – William Faulkner
748.**Aline: viciada em sexo (3)** – Adão Iturrusgarai
749.**A dama do cachorrinho** – Anton Tchékhov
750.**Tito Andrônico** – Shakespeare
751.**Antologia poética** – Anna Akhmátova
752.**O melhor de Hagar 6** – Dik e Chris Browne
753(12).**Michelangelo** – Nadine Sautel
754.**Dilbert (4)** – Scott Adams
755.**O jardim das cerejeiras** *seguido de* **Tio Vânia** – Tchékhov
756.**Geração Beat** – Claudio Willer
757.**Santos Dumont** – Alcy Cheuiche
758.**Budismo** – Claude B. Levenson
759.**Cleópatra** – Christian-Georges Schwentzel
760. **Revolução Francesa** – Frédéric Bluche, Stéphane Rials e Jean Tulard
761.**A crise de 1929** – Bernard Gazier
762.**Sigmund Freud** – Edson Sousa e Paulo Endo
763.**Império Romano** – Patrick Le Roux
764.**Cruzadas** – Cécile Morrisson
765.**O mistério do Trem Azul** – Agatha Christie
768.**Senso comum** – Thomas Paine
769.**O parque dos dinossauros** – Michael Crichton
770.**Trilogia da paixão** – Goethe
773.**Snoopy: No mundo da lua! (8)** – Charles Schulz
774.**Os Quatro Grandes** – Agatha Christie
775.**Um brinde de cianureto** – Agatha Christie
776.**Súplicas atendidas** – Truman Capote
779.**A viúva imortal** – Millôr Fernandes
780.**Cabala** – Roland Goetschel
781.**Capitalismo** – Claude Jessua
782.**Mitologia grega** – Pierre Grimal
783.**Economia: 100 palavras-chave** – Jean-Paul Betbèze
784.**Marxismo** – Henri Lefebvre
785.**Punição para a inocência** – Agatha Christie
786.**A extravagância do morto** – Agatha Christie
787(13).**Cézanne** – Bernard Fauconnier
788.**A identidade Bourne** – Robert Ludlum
789.**Da tranquilidade da alma** – Sêneca
790.**Um artista da fome** *seguido de* **Na colônia penal e outras histórias** – Kafka
791.**Histórias de fantasmas** – Charles Dickens
796.**O Uraguai** – Basílio da Gama
797.**A mão misteriosa** – Agatha Christie
798.**Testemunha ocular do crime** – Agatha Christie
799.**Crepúsculo dos ídolos** – Friedrich Nietzsche
802.**O grande golpe** – Dashiell Hammett
803.**Humor barra pesada** – Nani
804.**Vinho** – Jean-François Gautier
805.**Egito Antigo** – Sophie Desplancques
806(14).**Baudelaire** – Jean-Baptiste Baronian
807.**Caminho da sabedoria, caminho da paz** – Dalai Lama e Felizitas von Schönborn
808.**Senhor e servo e outras histórias** – Tolstói
809.**Os cadernos de Malte Laurids Brigge** – Rilke

810.**Dilbert (5)** – Scott Adams
811.**Big Sur** – Jack Kerouac
812.**Seguindo a correnteza** – Agatha Christie
813.**O álibi** – Sandra Brown
814.**Montanha-russa** – Martha Medeiros
815.**Coisas da vida** – Martha Medeiros
816.**A cantada infalível** *seguido de* **A mulher do centroavante** – David Coimbra
819.**Snoopy: Pausa para a soneca (9)** – Charles Schulz
820.**De pernas pro ar** – Eduardo Galeano
821.**Tragédias gregas** – Pascal Thiercy
822.**Existencialismo** – Jacques Colette
823.**Nietzsche** – Jean Granier
824.**Amar ou depender?** – Walter Riso
825.**Darmapada: A doutrina budista em versos**
826.**J'Accuse...! – a verdade em marcha** – Zola
827.**Os crimes ABC** – Agatha Christie
828.**Um gato entre os pombos** – Agatha Christie
831.**Dicionário de teatro** – Luiz Paulo Vasconcellos
832.**Cartas extraviadas** – Martha Medeiros
833.**A longa viagem de prazer** – J. J. Morosoli
834.**Receitas fáceis** – J. A. Pinheiro Machado
835.(14).**Mais fatos & mitos** – Dr. Fernando Lucchese
836.(15).**Boa viagem!** – Dr. Fernando Lucchese
837.**Aline: Finalmente nua!!!** (4) – Adão Iturrusgarai
838.**Mônica tem uma novidade!** – Mauricio de Sousa
839.**Cebolinha em apuros!** – Mauricio de Sousa
840.**Sócios no crime** – Agatha Christie
841.**Bocas do tempo** – Eduardo Galeano
842.**Orgulho e preconceito** – Jane Austen
843.**Impressionismo** – Dominique Lobstein
844.**Escrita chinesa** – Viviane Alleton
845.**Paris: uma história** – Yvan Combeau
846(15).**Van Gogh** – David Haziot
848.**Portal do destino** – Agatha Christie
849.**O futuro de uma ilusão** – Freud
850.**O mal-estar na cultura** – Freud
853.**Um crime adormecido** – Agatha Christie
854.**Satori em Paris** – Jack Kerouac
855.**Medo e delírio em Las Vegas** – Hunter Thompson
856.**Um negócio fracassado e outros contos de humor** – Tchékhov
857.**Mônica está de férias!** – Mauricio de Sousa
858.**De quem é esse coelho?** – Mauricio de Sousa
860.**O mistério Sittaford** – Agatha Christie
861.**Manhã transfigurada** – L. A. de Assis Brasil
862.**Alexandre, o Grande** – Pierre Briant
863.**Jesus** – Charles Perrot
864.**Islã** – Paul Balta
865.**Guerra da Secessão** – Farid Ameur
866.**Um rio que vem da Grécia** – Cláudio Moreno
868.**Assassinato na casa do pastor** – Agatha Christie
869.**Manual do líder** – Napoleão Bonaparte
870(16).**Billie Holiday** – Sylvia Fol
871.**Bidu arrasando!** – Mauricio de Sousa
872.**Os Sousa: Desventuras em família** – Mauricio de Sousa
874.**E no final a morte** – Agatha Christie
875.**Guia prático do Português correto – vol. 4** – Cláudio Moreno
876.**Dilbert (6)** – Scott Adams
877(17).**Leonardo da Vinci** – Sophie Chauveau
878.**Bella Toscana** – Frances Mayes
879.**A arte da ficção** – David Lodge
880.**Striptiras (4)** – Laerte
881.**Skrotinhos** – Angeli
882.**Depois do funeral** – Agatha Christie
883.**Radicci 7** – Iotti
884.**Walden** – H. D. Thoreau
885.**Lincoln** – Allen C. Guelzo
886.**Primeira Guerra Mundial** – Michael Howard
887.**A linha de sombra** – Joseph Conrad
888.**O amor é um cão dos diabos** – Bukowski
890.**Despertar: uma vida de Buda** – Jack Kerouac
891(18).**Albert Einstein** – Laurent Seksik
892.**Hell's Angels** – Hunter Thompson
893.**Ausência na primavera** – Agatha Christie
894.**Dilbert (7)** – Scott Adams
895.**Ao sul de lugar nenhum** – Bukowski
896.**Maquiavel** – Quentin Skinner
897.**Sócrates** – C.C.W. Taylor
899.**O Natal de Poirot** – Agatha Christie
900.**As veias abertas da América Latina** – Eduardo Galeano
901.**Snoopy: Sempre alerta! (10)** – Charles Schulz
902.**Chico Bento: Plantando confusão** – Mauricio de Sousa
903.**Penadinho: Quem é morto sempre aparece** – Mauricio de Sousa
904.**A vida sexual da mulher feia** – Claudia Tajes
905.**100 segredos de liquidificador** – José Antonio Pinheiro Machado
906.**Sexo muito prazer 2** – Laura Meyer da Silva
907.**Os nascimentos** – Eduardo Galeano
908.**As caras e as máscaras** – Eduardo Galeano
909.**O século do vento** – Eduardo Galeano
910.**Poirot perde uma cliente** – Agatha Christie
911.**Cérebro** – Michael O'Shea
912.**O escaravelho de ouro e outras histórias** – Edgar Allan Poe
913.**Piadas para sempre (4)** – Visconde da Casa Verde
914.**100 receitas de massas light** – Helena Tonetto
915(19).**Oscar Wilde** – Daniel Salvatore Schiffer
916.**Uma breve história do mundo** – H. G. Wells
917.**A Casa do Penhasco** – Agatha Christie
919.**John M. Keynes** – Bernard Gazier
920(20).**Virginia Woolf** – Alexandra Lemasson
921.**Peter e Wendy** *seguido de* **Peter Pan em Kensington Gardens** – J. M. Barrie
922.**Aline: numas de colegial (5)** – Adão Iturrusgarai
923.**Uma dose mortal** – Agatha Christie
924.**Os trabalhos de Hércules** – Agatha Christie
926.**Kant** – Roger Scruton
927.**A inocência do Padre Brown** – G.K. Chesterton
928.**Casa Velha** – Machado de Assis
929.**Marcas de nascença** – Nancy Huston

930.**Aulete de bolso**
931.**Hora Zero** – Agatha Christie
932.**Morte na Mesopotâmia** – Agatha Christie
934.**Nem te conto, João** – Dalton Trevisan
935.**As aventuras de Huckleberry Finn** – Mark Twain
936(21).**Marilyn Monroe** – Anne Plantagenet
937.**China moderna** – Rana Mitter
938.**Dinossauros** – David Norman
939.**Louca por homem** – Claudia Tajes
940.**Amores de alto risco** – Walter Riso
941.**Jogo de damas** – David Coimbra
942.**Filha é filha** – Agatha Christie
943.**M ou N?** – Agatha Christie
945.**Bidu: diversão em dobro!** – Mauricio de Sousa
946.**Fogo** – Anaïs Nin
947.**Rum: diário de um jornalista bêbado** – Hunter Thompson
948.**Persuasão** – Jane Austen
949.**Lágrimas na chuva** – Sergio Faraco
950.**Mulheres** – Bukowski
951.**Um pressentimento funesto** – Agatha Christie
952.**Cartas na mesa** – Agatha Christie
954.**O lobo do mar** – Jack London
955.**Os gatos** – Patricia Highsmith
956(22).**Jesus** – Christiane Rancé
957.**História da medicina** – William Bynum
958.**O Morro dos Ventos Uivantes** – Emily Brontë
959.**A filosofia na era trágica dos gregos** – Nietzsche
960.**Os treze problemas** – Agatha Christie
961.**A massagista japonesa** – Moacyr Scliar
963.**Humor do miserê** – Nani
964.**Todo o mundo tem dúvida, inclusive você** – Édison de Oliveira
965.**A dama do Bar Nevada** – Sergio Faraco
969.**O psicopata americano** – Bret Easton Ellis
970.**Ensaios de amor** – Alain de Botton
971.**O grande Gatsby** – F. Scott Fitzgerald
972.**Por que não sou cristão** – Bertrand Russell
973.**A Casa Torta** – Agatha Christie
974.**Encontro com a morte** – Agatha Christie
975(23).**Rimbaud** – Jean-Baptiste Baronian
976.**Cartas na rua** – Bukowski
977.**Memória** – Jonathan K. Foster
978.**A abadia de Northanger** – Jane Austen
979.**As pernas de Úrsula** – Claudia Tajes
980.**Retrato inacabado** – Agatha Christie
981.**Solanin (1)** – Inio Asano
982.**Solanin (2)** – Inio Asano
983.**Aventuras de menino** – Mitsuru Adachi
984(16).**Fatos & mitos sobre sua alimentação** – Dr. Fernando Lucchese
985.**Teoria quântica** – John Polkinghorne
986.**O eterno marido** – Fiódor Dostoiévski
987.**Um safado em Dublin** – J. P. Donleavy
988.**Mirinha** – Dalton Trevisan
989.**Akhenaton e Nefertiti** – Carmen Seganfredo e A. S. Franchini
990.**On the Road – o manuscrito original** – Jack Kerouac
991.**Relatividade** – Russell Stannard
992.**Abaixo de zero** – Bret Easton Ellis
993(24).**Andy Warhol** – Mériam Korichi
995.**Os últimos casos de Miss Marple** – Agatha Christie
996.**Nico Demo: Aí vem encrenca** – Mauricio de Sousa
998.**Rousseau** – Robert Wokler
999.**Noite sem fim** – Agatha Christie
1000.**Diários de Andy Warhol (1)** – Editado por Pat Hackett
1001.**Diários de Andy Warhol (2)** – Editado por Pat Hackett
1002.**Cartier-Bresson: o olhar do século** – Pierre Assouline
1003.**As melhores histórias da mitologia: vol. 1** – A.S. Franchini e Carmen Seganfredo
1004.**As melhores histórias da mitologia: vol. 2** – A.S. Franchini e Carmen Seganfredo
1005.**Assassinato no beco** – Agatha Christie
1006.**Convite para um homicídio** – Agatha Christie
1008.**História da vida** – Michael J. Benton
1009.**Jung** – Anthony Stevens
1010.**Arsène Lupin, ladrão de casaca** – Maurice Leblanc
1011.**Dublinenses** – James Joyce
1012.**120 tirinhas da Turma da Mônica** – Mauricio de Sousa
1013.**Antologia poética** – Fernando Pessoa
1014.**A aventura de um cliente ilustre *seguido de* O último adeus de Sherlock Holmes** – Sir Arthur Conan Doyle
1015.**Cenas de Nova York** – Jack Kerouac
1016.**A corista** – Anton Tchékhov
1017.**O diabo** – Leon Tolstói
1018.**Fábulas chinesas** – Sérgio Capparelli e Márcia Schmaltz
1019.**O gato do Brasil** – Sir Arthur Conan Doyle
1020.**Missa do Galo** – Machado de Assis
1021.**O mistério de Marie Rogêt** – Edgar Allan Poe
1022.**A mulher mais linda da cidade** – Bukowski
1023.**O retrato** – Nicolai Gogol
1024.**O conflito** – Agatha Christie
1025.**Os primeiros casos de Poirot** – Agatha Christie
1027(25).**Beethoven** – Bernard Fauconnier
1028.**Platão** – Julia Annas
1029.**Cleo e Daniel** – Roberto Freire
1030.**Til** – José de Alencar
1031.**Viagens na minha terra** – Almeida Garrett
1032.**Profissões para mulheres e outros artigos feministas** – Virginia Woolf
1033.**Mrs. Dalloway** – Virginia Woolf
1034.**O cão da morte** – Agatha Christie
1035.**Tragédia em três atos** – Agatha Christie
1037.**O fantasma da Ópera** – Gaston Leroux
1038.**Evolução** – Brian e Deborah Charlesworth
1039.**Medida por medida** – Shakespeare
1040.**Razão e sentimento** – Jane Austen
1041.**A obra-prima ignorada *seguido de* Um episódio durante o Terror** – Balzac

1042.**A fugitiva** – Anaïs Nin
1043.**As grandes histórias da mitologia greco-romana** – A. S. Franchini
1044.**O corno de si mesmo & outras historietas** – Marquês de Sade
1045.**Da felicidade** ***seguido de*** **Da vida retirada** – Sêneca
1046.**O horror em Red Hook e outras histórias** – H. P. Lovecraft
1047.**Noite em claro** – Martha Medeiros
1048.**Poemas clássicos chineses** – Li Bai, Du Fu e Wang Wei
1049.**A terceira moça** – Agatha Christie
1050.**Um destino ignorado** – Agatha Christie
1051(26).**Buda** – Sophie Royer
1052.**Guerra Fria** – Robert J. McMahon
1053.**Simons's Cat: as aventuras de um gato travesso e comilão – vol. 1** – Simon Tofield
1054.**Simons's Cat: as aventuras de um gato travesso e comilão – vol. 2** – Simon Tofield
1055.**Só as mulheres e as baratas sobreviverão** – Claudia Tajes
1057.**Pré-história** – Chris Gosden
1058.**Pintou sujeira!** – Mauricio de Sousa
1059.**Contos de Mamãe Gansa** – Charles Perrault
1060.**A interpretação dos sonhos: vol. 1** – Freud
1061.**A interpretação dos sonhos: vol. 2** – Freud
1062.**Frufru Rataplã Dolores** – Dalton Trevisan
1063.**As melhores histórias da mitologia egípcia** – Carmem Seganfredo e A.S. Franchini
1064.**Infância. Adolescência. Juventude** – Tolstói
1065.**As consolações da filosofia** – Alain de Botton
1066.**Diários de Jack Kerouac – 1947-1954**
1067.**Revolução Francesa – vol. 1** – Max Gallo
1068.**Revolução Francesa – vol. 2** – Max Gallo
1069.**O detetive Parker Pyne** – Agatha Christie
1070.**Memórias do esquecimento** – Flávio Tavares
1071.**Drogas** – Leslie Iversen
1072.**Manual de ecologia (vol.2)** – J. Lutzenberger
1073.**Como andar no labirinto** – Affonso Romano de Sant'Anna
1074.**A orquídea e o serial killer** – Juremir Machado da Silva
1075.**Amor nos tempos de fúria** – Lawrence Ferlinghetti
1076.**A aventura do pudim de Natal** – Agatha Christie
1078.**Amores que matam** – Patricia Faur
1079.**Histórias de pescador** – Mauricio de Sousa
1080.**Pedaços de um caderno manchado de vinho** – Bukowski
1081.**A ferro e fogo: tempo de solidão (vol.1)** – Josué Guimarães
1082.**A ferro e fogo: tempo de guerra (vol.2)** – Josué Guimarães
1084(17).**Desembarcando o Alzheimer** – Dr. Fernando Lucchese e Dra. Ana Hartmann
1085.**A maldição do espelho** – Agatha Christie
1086.**Uma breve história da filosofia** – Nigel Warburton
1088.**Heróis da História** – Will Durant
1089.**Concerto campestre** – L. A. de Assis Brasil
1090.**Morte nas nuvens** – Agatha Christie
1092.**Aventura em Bagdá** – Agatha Christie
1093.**O cavalo amarelo** – Agatha Christie
1094.**O método de interpretação dos sonhos** – Freud
1095.**Sonetos de amor e desamor** – Vários
1096.**120 tirinhas do Dilbert** – Scott Adams
1097.**200 fábulas de Esopo**
1098.**O curioso caso de Benjamin Button** – F. Scott Fitzgerald
1099.**Piadas para sempre: uma antologia para morrer de rir** – Visconde da Casa Verde
1100.**Hamlet (Mangá)** – Shakespeare
1101.**A arte da guerra (Mangá)** – Sun Tzu
1104.**As melhores histórias da Bíblia (vol.1)** – A. S. Franchini e Carmen Seganfredo
1105.**As melhores histórias da Bíblia (vol.2)** – A. S. Franchini e Carmen Seganfredo
1106.**Psicologia das massas e análise do eu** – Freud
1107.**Guerra Civil Espanhola** – Helen Graham
1108.**A autoestrada do sul e outras histórias** – Julio Cortázar
1109.**O mistério dos sete relógios** – Agatha Christie
1110.**Peanuts: Ninguém gosta de mim... (amor)** – Charles Schulz
1111.**Cadê o bolo?** – Mauricio de Sousa
1112.**O filósofo ignorante** – Voltaire
1113.**Totem e tabu** – Freud
1114.**Filosofia pré-socrática** – Catherine Osborne
1115.**Desejo de status** – Alain de Botton
1118.**Passageiro para Frankfurt** – Agatha Christie
1120.**Kill All Enemies** – Melvin Burgess
1121.**A morte da sra. McGinty** – Agatha Christie
1122.**Revolução Russa** – S. A. Smith
1123.**Até você, Capitu?** – Dalton Trevisan
1124.**O grande Gatsby (Mangá)** – F. S. Fitzgerald
1125.**Assim falou Zaratustra (Mangá)** – Nietzsche
1126. **Peanuts: É para isso que servem os amigos (amizade)** – Charles Schulz
1127(27).**Nietzsche** – Dorian Astor
1128.**Bidu: Hora do banho** – Mauricio de Sousa
1129.**O melhor do Macanudo Taurino** – Santiago
1130.**Radicci 30 anos** – Iotti
1131.**Show de sabores** – J.A. Pinheiro Machado
1132.**O prazer das palavras** – vol. 3 – Cláudio Moreno
1133.**Morte na praia** – Agatha Christie
1134.**O fardo** – Agatha Christie
1135.**Manifesto do Partido Comunista (Mangá)** – Marx & Engels
1136.**A metamorfose (Mangá)** – Franz Kafka
1137.**Por que você não se casou... ainda** – Tracy McMillan
1138.**Textos autobiográficos** – Bukowski
1139.**A importância de ser prudente** – Oscar Wilde
1140.**Sobre a vontade na natureza** – Arthur Schopenhauer
1141.**Dilbert (8)** – Scott Adams
1142.**Entre dois amores** – Agatha Christie
1143.**Cipreste triste** – Agatha Christie
1144.**Alguém viu uma assombração?** – Mauricio de Sousa

1145.**Mandela** – Elleke Boehmer
1146.**Retrato do artista quando jovem** – James Joyce
1147.**Zadig ou o destino** – Voltaire
1148.**O contrato social (Mangá)** – J.-J. Rousseau
1149.**Garfield fenomenal** – Jim Davis
1150.**A queda da América** – Allen Ginsberg
1151.**Música na noite & outros ensaios** – Aldous Huxley
1152.**Poesias inéditas & Poemas dramáticos** – Fernando Pessoa
1153.**Peanuts: Felicidade é...** – Charles M. Schulz
1154.**Mate-me por favor** – Legs McNeil e Gillian McCain
1155.**Assassinato no Expresso Oriente** – Agatha Christie
1156.**Um punhado de centeio** – Agatha Christie
1157.**A interpretação dos sonhos (Mangá)** – Freud
1158.**Peanuts: Você não entende o sentido da vida** – Charles M. Schulz
1159.**A dinastia Rothschild** – Herbert R. Lottman
1160.**A Mansão Hollow** – Agatha Christie
1161.**Nas montanhas da loucura** – H.P. Lovecraft
1162(28).**Napoleão Bonaparte** – Pascale Fautrier
1163.**Um corpo na biblioteca** – Agatha Christie
1164.**Inovação** – Mark Dodgson e David Gann
1165.**O que toda mulher deve saber sobre os homens: a afetividade masculina** – Walter Riso
1166.**O amor está no ar** – Mauricio de Sousa
1167.**Testemunha de acusação & outras histórias** – Agatha Christie
1168.**Etiqueta de bolso** – Celia Ribeiro
1169.**Poesia reunida (volume 3)** – Affonso Romano de Sant'Anna
1170.**Emma** – Jane Austen
1171.**Que seja em segredo** – Ana Miranda
1172.**Garfield sem apetite** – Jim Davis
1173.**Garfield: Foi mal...** – Jim Davis
1174.**Os irmãos Karamázov (Mangá)** – Dostoiévski
1175.**O Pequeno Príncipe** – Antoine de Saint-Exupéry
1176.**Peanuts: Ninguém mais tem o espírito aventureiro** – Charles M. Schulz
1177.**Assim falou Zaratustra** – Nietzsche
1178.**Morte no Nilo** – Agatha Christie
1179.**Ê, soneca boa** – Mauricio de Sousa
1180.**Garfield a todo o vapor** – Jim Davis
1181.**Em busca do tempo perdido (Mangá)** – Proust
1182.**Cai o pano: o último caso de Poirot** – Agatha Christie
1183.**Livro para colorir e relaxar** – Livro 1
1184.**Para colorir sem parar**
1185.**Os elefantes não esquecem** – Agatha Christie
1186.**Teoria da relatividade** – Albert Einstein
1187.**Compêndio da psicanálise** – Freud
1188.**Visões de Gerard** – Jack Kerouac
1189.**Fim de verão** – Mohiro Kitoh
1190.**Procurando diversão** – Mauricio de Sousa
1191.**E não sobrou nenhum e outras peças** – Agatha Christie
1192.**Ansiedade** – Daniel Freeman & Jason Freeman
1193.**Garfield: pausa para o almoço** – Jim Davis
1194.**Contos do dia e da noite** – Guy de Maupassant
1195.**O melhor de Hagar 7** – Dik Browne
1196(29).**Lou Andreas-Salomé** – Dorian Astor
1197(30).**Pasolini** – René de Ceccatty
1198.**O caso do Hotel Bertram** – Agatha Christie
1199.**Crônicas de motel** – Sam Shepard
1200.**Pequena filosofia da paz interior** – Catherine Rambert
1201.**Os sertões** – Euclides da Cunha
1202.**Treze à mesa** – Agatha Christie
1203.**Bíblia** – John Riches
1204.**Anjos** – David Albert Jones
1205.**As tirinhas do Guri de Uruguaiana 1** – Jair Kobe
1206.**Entre aspas (vol.1)** – Fernando Eichenberg
1207.**Escrita** – Andrew Robinson
1208.**O spleen de Paris: pequenos poemas em prosa** – Charles Baudelaire
1209.**Satíricon** – Petrônio
1210.**O avarento** – Molière
1211.**Queimando na água, afogando-se na chama** – Bukowski
1212.**Miscelânea septuagenária: contos e poemas** – Bukowski
1213.**Que filosofar é aprender a morrer e outros ensaios** – Montaigne
1214.**Da amizade e outros ensaios** – Montaigne
1215.**O medo à espreita e outras histórias** – H.P. Lovecraft
1216.**A obra de arte na era de sua reprodutibilidade técnica** – Walter Benjamin
1217.**Sobre a liberdade** – John Stuart Mill
1218.**O segredo de Chimneys** – Agatha Christie
1219.**Morte na rua Hickory** – Agatha Christie
1220.**Ulisses (Mangá)** – James Joyce
1221.**Ateísmo** – Julian Baggini
1222.**Os melhores contos de Katherine Mansfield** – Katherine Mansfied
1223(31).**Martin Luther King** – Alain Foix
1224.**Millôr Definitivo: uma antologia de *A Bíblia do Caos*** – Millôr Fernandes
1225.**O Clube das Terças-Feiras e outras histórias** – Agatha Christie
1226.**Por que sou tão sábio** – Nietzsche
1227.**Sobre a mentira** – Platão
1228.**Sobre a leitura** *seguido do* **Depoimento de Céleste Albaret** – Proust
1229.**O homem do terno marrom** – Agatha Christie
1230(32).**Jimi Hendrix** – Franck Médioni
1231.**Amor e amizade e outras histórias** – Jane Austen
1232.**Lady Susan, Os Watson e Sanditon** – Jane Austen
1233.**Uma breve história da ciência** – William Bynum
1234.**Macunaíma: o herói sem nenhum caráter** – Mário de Andrade

1235.**A máquina do tempo** – H.G. Wells
1236.**O homem invisível** – H.G. Wells
1237.**Os 36 estratagemas: manual secreto da arte da guerra** – Anônimo
1238.**A mina de ouro e outras histórias** – Agatha Christie
1239.**Pic** – Jack Kerouac
1240.**O habitante da escuridão e outros contos** – H.P. Lovecraft
1241.**O chamado de Cthulhu e outros contos** – H.P. Lovecraft
1242.**O melhor de Meu reino por um cavalo!** – Edição de Ivan Pinheiro Machado
1243.**A guerra dos mundos** – H.G. Wells
1244.**O caso da criada perfeita e outras histórias** – Agatha Christie
1245.**Morte por afogamento e outras histórias** – Agatha Christie
1246.**Assassinato no Comitê Central** – Manuel Vázquez Montalbán
1247.**O papai é pop** – Marcos Piangers
1248.**O papai é pop 2** – Marcos Piangers
1249.**A mamãe é rock** – Ana Cardoso
1250.**Paris boêmia** – Dan Franck
1251.**Paris libertária** – Dan Franck
1252.**Paris ocupada** – Dan Franck
1253.**Uma anedota infame** – Dostoiévski
1254.**O último dia de um condenado** – Victor Hugo
1255.**Nem só de caviar vive o homem** – J.M. Simmel
1256.**Amanhã é outro dia** – J.M. Simmel
1257.**Mulherzinhas** – Louisa May Alcott
1258.**Reforma Protestante** – Peter Marshall
1259.**História econômica global** – Robert C. Allen
1260(33).**Che Guevara** – Alain Foix
1261.**Câncer** – Nicholas James
1262.**Akhenaton** – Agatha Christie
1263.**Aforismos para a sabedoria de vida** – Arthur Schopenhauer
1264.**Uma história do mundo** – David Coimbra
1265.**Ame e não sofra** – Walter Riso
1266.**Desapegue-se!** – Walter Riso
1267.**Os Sousa: Uma famíla do barulho** – Mauricio de Sousa
1268.**Nico Demo: O rei da travessura** – Mauricio de Sousa
1269.**Testemunha de acusação e outras peças** – Agatha Christie
1270(34).**Dostoiévski** – Virgil Tanase
1271.**O melhor de Hagar 8** – Dik Browne
1272.**O melhor de Hagar 9** – Dik Browne
1273.**O melhor de Hagar 10** – Dik e Chris Browne
1274.**Considerações sobre o governo representativo** – John Stuart Mill
1275.**O homem Moisés e a religião monoteísta** – Freud
276.**Inibição, sintoma e medo** – Freud
277.**Além do princípio de prazer** – Freud
278.**O direito de dizer não!** – Walter Riso
279.**A arte de ser flexível** – Walter Riso
1280.**Casados e descasados** – August Strindberg
1281.**Da Terra à Lua** – Júlio Verne
1282.**Minhas galerias e meus pintores** – Kahnweiler
1283.**A arte do romance** – Virginia Woolf
1284.**Teatro completo v. 1: As aves da noite** ***seguido de*** **O visitante** – Hilda Hilst
1285.**Teatro completo v. 2: O verdugo** ***seguido de*** **A morte do patriarca** – Hilda Hilst
1286.**Teatro completo v. 3: O rato no muro** ***seguido de*** **Auto da barca de Camiri** – Hilda Hilst
1287.**Teatro completo v. 4: A empresa** ***seguido de*** **O novo sistema** – Hilda Hilst
1288.**Sapiens: Uma breve história da humanidade** – Yuval Noah Harari
1289.**Fora de mim** – Martha Medeiros
1290.**Divã** – Martha Medeiros
1291.**Sobre a genealogia da moral: um escrito polêmico** – Nietzsche
1292.**A consciência de Zeno** – Italo Svevo
1293.**Células-tronco** – Jonathan Slack
1294.**O fim do ciúme e outros contos** – Proust
1295.**A jangada** – Júlio Verne
1296.**A ilha do dr. Moreau** – H.G. Wells
1297.**Ninho de fidalgos** – Ivan Turguêniev
1298.**Jane Eyre** – Charlotte Brontë
1299.**Sobre gatos** – Bukowski
1300.**Sobre o amor** – Bukowski
1301.**Escrever para não enlouquecer** – Bukowski
1302.**222 receitas** – J. A. Pinheiro Machado
1303.**Reinações de Narizinho** – Monteiro Lobato
1304.**O Saci** – Monteiro Lobato
1305.**Memórias da Emília** – Monteiro Lobato
1306.**O Picapau Amarelo** – Monteiro Lobato
1307.**A reforma da Natureza** – Monteiro Lobato
1308.**Fábulas** ***seguido de*** **Histórias diversas** – Monteiro Lobato
1309.**Aventuras de Hans Staden** – Monteiro Lobato
1310.**Peter Pan** – Monteiro Lobato
1311.**Dom Quixote das crianças** – Monteiro Lobato
1312.**O Minotauro** – Monteiro Lobato
1313.**Um quarto só seu** – Virginia Woolf
1314.**Sonetos** – Shakespeare
1315(35).**Thoreau** – Marie Berthoumieu e Laura El Makki
1316.**Teoria da arte** – Cynthia Freeland
1317.**A arte da prudência** – Baltasar Gracián
1318.**O louco** ***seguido de*** **Areia e espuma** – Khalil Gibran
1319.**O profeta** ***seguido de*** **O jardim do profeta** – Khalil Gibran
1320.**Jesus, o Filho do Homem** – Khalil Gibran
1321.**A luta** – Norman Mailer
1322.**Sobre o sofrimento do mundo e outros ensaios** – Schopenhauer
1323.**Epidemiologia** – Rodolfo Saracci
1324.**Japão moderno** – Christopher Goto-Jones
1325.**A arte da meditação** – Matthieu Ricard
1326.**O adversário secreto** – Agatha Christie
1327.**Pollyanna** – Eleanor H. Porter

IMPRESSÃO:

PALLOTTI
GRÁFICA

Santa Maria - RS | Fone: (55) 3220.4500
www.graficapallotti.com.br